Christoph Lauterbach
ZUHÖREN, DURCHATMEN, ANTWORTEN
Dein Rettungsring für intensive Gespräche

AF272529

Über den Autor

Christoph Lauterbach ist nach langjährigen Vertriebs- und Führungsaufgaben seit 2010 hauptberuflich als zertifizierter Businesscoach und Kriseninterventionsberater tätig. Er coacht Selbstständige, Geschäftsführer sowie Fach- und Führungskräfte in Bezug auf Mitarbeiterführung, Kommunikation und Unternehmenskultur. Seine Auftraggeber reichen von KMU bis Konzernunternehmen in diversen Branchen.

Ferner unterstützt er Menschen im Hinblick auf Problemlösung, Zielfindung und Karrierefragen und wird regelmäßig als Interviewpartner zu Themen aus dem Bereich Business- und Lifecoaching angefragt.

Vom Autor ist bereits erschienen: *„Deine Schuld, wenn's danach besser läuft!"* ISBN 9783757804176

Näheres unter: www.elbe-coaching-hamburg.de

Christoph Lauterbach

ZUHÖREN, DURCHATMEN, ANTWORTEN

Dein Rettungsring für intensive Gespräche

Bibliografische Information der Deutschen Nationalbibliothek: Die Deutsche Nationalbibliothek verzeichnet diese Publikation in der Deutschen Nationalbibliografie; detaillierte bibliografische Daten sind im Internet über http://dnb.dnb.de abrufbar.

Freiberuflicher Businesscoach & Unternehmensberater
Sandwisch 39a, 22113 Hamburg
www.elbe-coaching-hamburg.de

Verlag: BoD · Books on Demand GmbH, Überseering 33, 22297 Hamburg, bod@bod.de

Druck: Libri Plureos GmbH, Friedensallee 273, 22763 Hamburg

ISBN: 978-3-7693-2900-1

Inhaltsverzeichnis

Willkommen im Club der (unfreiwilligen) Lebensberater!

Es gibt zwei Sorten von Menschen: die, die sich freiwillig für ein Coaching-Seminar oder Psychologiekurs anmelden, und die, die plötzlich feststellen, dass sie genau das tun, ohne jemals eine solche Weiterbildung besucht oder sonst wie auf diese Rolle vorbereitet worden sind. Nun finden sich diese Kandidaten im Alltag ständig in Situationen wieder, in denen sie andere Menschen in Gesprächen anleiten oder begleiten. Vielleicht bist du Jugendtrainer, stehst vor einer wilden Meute und fragst dich, wie du hier gelandet bist. Oder du bist Führungskraft oder Projectlead und stellst fest, dass die größten Herausforderungen in deinem Job nicht Zahlen oder Projekte sind, sondern Menschen und ihre Bedürfnisse. Vielleicht bist du Lehrerin, Pfleger, Ehrenamtlicher oder einfach der Mensch in deinem Umfeld, der immer ein offenes Ohr hat und, gewollt oder ungewollt, ständig die Nerven anderer beruhigt, ohne jemals darum gebeten zu haben.

Willkommen in einer Welt, in der du plötzlich zum Strukturierer, Optionenausgräber, Nichtbesserwisser, Genau-wissen-Woller, Zweifelaushalter, Auf-einer-Seite-Steher oder Verstörende-Fragensteller geworden wirst.

Es geht in diesem Buch um die dafür nötigen Grundlagen. Basics, die jeder braucht, der mit anderen Menschen ins Gespräch geht und sie unterstützt: Wie man wirklich zuhört und warum das allein schon die halbe Miete ist, wie man konstruktive Kritikgespräche führt, die niemanden in die Flucht treiben, und wie man in Krisen ruhig kommuniziert, auch wenn alle anderen auf der Titanic Panik schieben. Außerdem tauchen wir ein in die Welt von eigentümlichen Begriffen wie Glaubenssätze, Chunking, Ressourcen, SWOT-Analyse und vieles mehr. Klingt abgehoben? Ist es aber nicht. Man kann es für verschiedene Situationen gut gebrauchen und im Gegenteil: Viele meinen, dass sie all das, was dahintersteckt, intuitiv wissen oder können. Aber die Realität sieht meist anders aus: Richtig Zuhören? Eine Kunst, die fast niemand mehr wirklich beherrscht. Vorhandener Kontext? Leider oft nur Stückwerk. Strukturiere Gespräche? Enden oft in Missverständnissen. Und in schwierigen Momenten? Da fehlen uns häufig die Worte oder der Plan. Und manchmal auch ein wenig Background zur Spezies Mensch.

Ich habe dieses Buch grob in drei Abschnitte unterteilt. Die ersten Kapitel beschäftigen sich vorwiegend mit dem Thema *Gespräche an sich*, im Folgenden findest du dann nützliches Hintergrundwissen zum Thema *Verständnis und Zugang zu Mensch und Situation* und abschließend gibt's noch einen kleinen Nachschlag für Führungskräfte.

Was dieses Buch definitiv nicht ist: Ein Ratgeber, der dich zu einem Rhetorikmonster werden lässt. Du findest hier zwar auch konkrete Anleitungen und Formulierungshilfen, doch es geht weniger um den berühmten *einen Satz,* den Kniff oder die Wunderfrage, welche dich in jeder Situation retten werden. Warum nicht? Weil es so etwas nicht gibt. Auch wenn dir viele 5-Minuten Seminare oder Posts auf Social Media genau das weismachen wollen.

Keine Sorge, wir halten es locker. Das hier ist kein trockener Stoff. Und irgendwo auf diesen Seiten findest du bestimmt genau die Inspiration, die dir gefehlt hat in deinen bisherigen

Feedback-, Konflikt-, Krisen-, Förder-, Coaching-, oder einfach Zuhör-Gesprächen.

Ich nenne alle diese Gesprächsarten hier der einfachheitshalber *Gespräch*. Es findet in verschiedenen Kontexten statt, um jemanden in einer bestimmten Situation, Entscheidung oder Prozess zu begleiten. Klärung, Orientierung, Respekt und Unterstützung sind die Zauberworte. In verschiedenen Situationen sicherer in ein Gespräch gehen zu können, und ein paar wichtige Hintergründe zu kennen, das ist das Ziel dieses Buches. Dabei brauchst du nicht die Reihenfolge der Kapitel einzuhalten. Lese sie gern kreuz und quer, jedes hat ein für sich abgeschlossenes Thema oder Inhalt.

Ein wichtiger Hinweis

Was klar sein muss: Dieses Buch ist als Impulsgeber gedacht und eignet sich für Gespräche im beruflichen oder privaten Alltag unter psychisch gesunden, normal belastbaren Menschen.

Warum mir das wichtig ist: Gespräche mit besonderer Tiefe, Emotion oder Reflexion können viel bewegen, sind in diesem Kontext aber niemals ein Therapieersatz. Es geht hier nicht darum, tiefe psychologische Probleme zu lösen oder traumatische Erfahrungen zu bearbeiten. Jeder von uns hat seine Grenzen, und wahre Stärke liegt auch darin, diese zu (er-)kennen. Sehe dich daher als pragmatischen und empathischen Gesprächspartner. Du bietest einen Raum für Lösungen an, hilfst zu ordnen und Mut zu machen. Wenn du aber merkst, dass es den normalen Rahmen eines solchen Gesprächs verlässt, verweise immer auf professionelle Hilfe.

Warum ich dich duze

In diesem Buch spreche ich dich direkt mit *du* an, weil ich glaube, dass gute Gespräche immer auf Augenhöhe stattfinden sollten. Ich möchte respektvoll eine gewisse Nähe schaffen, unbefangen sein. Es ist ein Angebot wie zu einem ehrlichen Gespräch unter Vertrauten.

Gender-Hinweis

Dieses Buch wurde von mir geschrieben, um dich als Menschen anzusprechen und das Gefühl zu geben, hier willkommen zu sein. Du sollst dich unabhängig von deinem Geschlecht mit den Inhalten identifizieren können. Nur aus Gründen der besseren Lesbarkeit und Übersichtlichkeit verwende ich meist das generische Maskulinum.

GESPRÄCHE MIT EMOTIONALER LADUNG

Wir gehen gleich mal in die Vollen und anstatt mit einem Langweiler über Schönwettergespräche zu beginnen, stellen wir uns zu Beginn die Frage: Wie begeht man Gespräche, die von Gefühlen bestimmt sind, mit sogenannter emotionaler Ladung? Was tun, wenn dein Gegenüber innerlich etwas bewegt? Was ist ein guter Plan, wenn es ans Eingemachte geht? Hier ein paar Tipps fürs Freeclimbing am *Mount Empathica*.

Volle Aufmerksamkeit geben

Lass uns ehrlich sein: Der Blick aufs Smartphone, ein halbes Ohr beim Fernsehgerät oder die subtile Neigung, im Kopf die Einkaufsliste zu sortieren, während jemand über seine Sorgen spricht, das alles geht gar nicht. Volle Aufmerksamkeit ist der goldene Standard der Kommunikation. Und ja, das bedeutet, wirklich präsent zu sein: Augenkontakt, leichtes Nicken, vielleicht auch ein beruhigendes *"Mhm"* oder *"Ich verstehe"*.
Immer ehrlich gemeint, signalisiert es deinem Gegenüber, dass er nicht mit einer Hauswand redet. Klingt einfach, wird aber erstaunlich selten gemacht.

Empathie und freundliche Stärke ausstrahlen

Ein echter Meister des Beziehungsmanagements bleibt in emotionalen Gesprächen nicht nur ruhig, sondern gibt auch Sicherheit. Hier braucht es diesen Mix aus Empathie und, ich nenne es mal, subtiler Autorität. Die Aura der sogenannten freundlichen Stärke. Denn niemand möchte sich ausgeliefert fühlen. Ein empathisches *"Ich sehe, das stresst dich gerade"* gepaart mit einem starken *„Lass uns dass mal gemeinsam anschauen!"* kann wahre Wunder wirken, denn: Empathie ist eigentlich nichts Kompliziertes, es muss nichts schaffen und nicht mit unzähligen Tipps, Ratschlägen und Lösungen ein Raum gefüllt werden. Empathie selbst ist der Raum, in dem wir wirklich präsent sind, ohne den anderen zu *reparieren* oder zu lenken. Es geht darum, die Emotionen des anderen zuzulassen, sich wirklich auf ihn einzulassen. Aber: Empathie bedeutet nicht, dass du die Emotionen des anderen übernimmst, also bitte nicht mit in den seelischen Abgrund stürzen. Das nützt deinem Gegenüber in emotionalen Situationen nichts.

Empathie ist vielmehr das Verständnis, dass der andere in diesem Moment einfach fühlen darf und du ihn auf dieser Reise begleitest. Es ist eine Einladung, gemeinsam in dem Moment zu sein ohne zu versuchen, gleich Antworten zu finden. Mal ehrlich: Wer braucht schon immer die Antwort, wenn er stattdessen einfach mal verstanden werden will?

Sätze für den Bauch - Die kleinen Mutmacher

Emotionale Gespräche brauchen manchmal kleine verbale Streicheleinheiten. Solche Sätze, die weniger auf die Ratio zielen, sondern mehr ins Herz gehen. Hier ein paar Klassiker, die zeitlos sind:

- *„Schön, dass du da bist!"* (Signal: Du bist wichtig)
- *„Ich habe Zeit für dich"* (Keine Eile, kein Stress)
- *„Ich gehe nicht weg"* (Sicherheit geben)
- *„Nur Mut!"* (Manchmal braucht es genau das)

Diese Sätze funktionieren, weil sie einfach und direkt sind. Sie geben Halt, ohne aufdringlich zu wirken.

Das Gespräch wie ein Fenster weit öffnen

Manche Menschen brauchen einen kleinen Schubs, um wirklich ins Reden zu kommen. Hier helfen offene Fragen. Wie ein Fenster, das man weit öffnet, um frische Luft hereinzulassen:

- *„Was bewegt dich?"* (Offen, neugierig, aber nicht bedrängend)
- *„Wie kommst du klar diese Tage?"* (Zeigt einfach Interesse)
- *„Wie ist denn so dein Seelenklima?"* (Wirkt super mit leichtem Schmunzeln)

Generell sind es die Fragen, die mit einleitenden „Was, Wie, Woher" ein Gespräch öffnen können. Das Ziel ist, den Moment zu schaffen, in dem sich dein Gegenüber wohl und gehört fühlt. Es hilft, Gedanken zu sortieren.

Tempo rausnehmen oder reinbringen: Der Groove des Gesprächs

Manchmal jedoch sprechen Menschen bereits wie ein Wasserfall, unaufhaltsam und mit einer Geschwindigkeit, die schwindelig macht. Hier ist die Aufgabe, Tempo herauszunehmen. Frag nach, bremse sanft ab. Andererseits gibt es auch die Wortkargen, die gefühlt 10 Minuten für einen Satz brauchen. Hier darfst du das Tempo anziehen, indem du gezielt nachhakst: *„Erzähl mir mehr dazu!"* oder *„Was meinst du genau damit?"*

Warten: Die Superkraft beim Zuhören

Wir leben in quasseligen Zeiten. Überall gibt es Lärm und Unterbrechungen. Warten zu können, wirklich warten zu können, ist echt schwer. Dein Gegenüber hat gerade einen Gedanken gestoppt? Warte. Gib Raum. Oft entstehen in diesen Momenten die besten Einsichten, einfach weil du nicht sofort reingrätscht.

Berührungen einsetzen? Bitte mit Vorsicht

Eine kleine Geste kann Wunder wirken, zum Beispiel ein Klopfen auf die Schulter oder ein kurzes Auflegen der Hand, wenn es angemessen ist. Wichtig dabei: Kenne die Grenzen. Nicht jeder möchte berührt werden, und es gibt Momente, in denen Berührungen deplatziert sind. Achte auf die Körpersprache deines Gegenübers, bevor du diesen Schritt machst. In emotionalen Momenten gilt: Mitgefühl ausdrücken ist okay, widerstehe jedoch der Versuchung, eine mitleidige Haltung einzunehmen. Manchmal ist sich zurücknehmen, dazubleiben und gemeinsam auszuhalten oft schon die richtige Dosis an Nähe. Ansonsten frage ich auch oft einfach nach, wenn ich merke, dass die Worte fehlen und ein *Hug* helfen könnte: *„Darf ich dich kurz in den Arm nehmen?"*

In Videocalls fällt diese Möglichkeit naturgemäß weg, durch den Bildschirm greifen klappt nicht. Aber dem zumindest nahekommenden Effekt ist eine bewusst eingesetzte Mimik und Gestik. Ruhe, Sanftheit und vor allem eine gewisse langsame Sprechweise mit Pausen signalisieren: Ich nehme mir Zeit, ich bin für dich da. Auch Emojis können dosiert helfen, solange sie nicht kitschig übertrieben eingesetzt werden.

Verzichte auf zu viel Ermutigung

„Vielleicht solltest du es einfach mal positiv sehen!" Bitte keinen Ratschlag, in der du dem anderen zu erklären versuchst, was er zu fühlen hat. Und bitte auch keine übertriebene Ermutigung, bei der du versuchst, den anderen aus seiner Situation zu hebeln. Manchmal ist der andere einfach noch nicht bereit, sofort nach vorne zu schauen. Vielleicht will er gerade einfach nur verstehen und verarbeiten was er fühlt, und sich nicht gleich von einer maximal positiven Denkweise überrollen lassen.

Aus Empathie wird keine Therapie

Wie schon in der Einleitung dieses Buches erwähnt: Aus Empathie wird in diesem Rahmen keine Therapie. Sehe dich als pragmatischen Gesprächspartner. Sei für den anderen da und helfe, akute oder chronische Herausforderungen zu strukturieren und später gerne auch gemeinsam Lösungsansätze zu suchen. Dein Ziel ist es jedoch nicht, als professioneller Problemlöser aufzutreten.

 # Beziehungsmanagement im Gespräch

Volle Aufmerksamkeit geben, Empathie und freundliche Stärke ausstrahlen.

Sätze für den Bauch:

– *„Schön, dass du da bist!"*
– *„Ich habe Zeit für dich"*
– *„Ich gehe nicht weg"*
– *„Nur Mut!"*

Das Gespräch wie ein Fenster weit öffnen:

– *„Was bewegt dich?",*
– *„Wie kommst du klar diese Tage?"*
– *„Wie ist denn so dein Seelenklima?"*

Warum dein Gespräch mehr Perspektiven braucht

Problematische Themen in Gesprächen haben alle eines gemeinsam: Sie sind selten bequem. Oft stehen Emotionen im Raum, Erwartungen prallen aufeinander, und die Lösung scheint weit entfernt. Ein guter Anfang ist dann die trainierbare Fähigkeit, auf verschiedenen Ebenen wahrzunehmen und bewusster darauf zu reagieren.

Wie das geht? Stell dir vor, du bist ein Multitool. Dein Verstand, deine Intuition und deine verschiedenen Blickwinkel sind die benötigten Werkzeuge. Jedes hat seinen Zweck, und erst im Zusammenspiel entsteht neue Qualität. Hier sind die wichtigsten Wahrnehmungsebenen und wie du sie nutzen kannst.

1. Ich-assoziiert: Deine Sinne als Ausgangspunkt

„Was passiert in diesem Moment mit mir?" *„Bin ich ganz bei mir?"* *„Bin ich in meiner Mitte?"* Diese Fragen vorweg geben dir Zugang zu deinen Emotionen und Bedürfnissen. Das ist die erste Ebene: Hier bist du voll und ganz in deiner eigenen Perspektive verankert. Du fühlst, denkst und reagierst aus deiner persönlichen Situation heraus.

Warum diese Ebene wichtig ist:
Was fühlst du? Bist du wütend, enttäuscht oder vielleicht unsicher? Das Bewusstsein über deine eigenen Reaktionen ist der erste Schritt, um authentisch und ehrlich zu bleiben.

Risiken:
Wenn du zu stark in dieser Ebene bleibst und deine Gefühle das Kommando übernehmen, kann das Gespräch kippen oder verfransen. Du bist dann vielleicht so sehr in deinen Gefühlen verfangen, dass du nicht mehr offen für die Perspektive des anderen bist.

Praxis-Tipp:
Frage dich während des Gesprächs: *„Was fühle ich gerade, und warum?"* Atme tief durch und finde Worte für deine Emotionen, z.B.: *„Ich merke, dass ich gerade frustriert bin, weil…"*

2. Du-assoziiert: Neuer Fokus durch Perspektivwechsel

Jetzt kommt wieder das Zauberwort: Empathie. In der Du-assoziierten Wahrnehmung verlässt du deine eigene Perspektive und denkst dich in dein Gegenüber hinein. Wie erlebt die andere Person die Situation? Was fühlt, denkt und braucht sie?

Warum diese Ebene wichtig ist:
Sie ist der Schlüssel zu Verständnis und Vertrauen. Wenn dein Gesprächspartner merkt, dass du ihn wirklich verstehst, wird er auch eher bereit sein, dir zuzuhören.

Risiken:
Bleibst du nur auf dieser Ebene, kannst du dich verlieren. Du riskierst, deine eigenen Bedürfnisse zu ignorieren oder dich manipulieren zu lassen.

Praxis-Tipp:
Stell offene Fragen, die zeigen, dass du echtes Interesse hast:

„Wie fühlst du dich in dieser Situation?" *„Was wünschst du dir von mir?"* Wiederhole in deinen Worten, was du verstanden hast. Das zeigt, dass du wirklich zuhörst. Beispiel: *„Wenn ich dich richtig verstehe, fühlst du dich unter Druck gesetzt, weil du denkst, dass dich dein Chef unfair beurteilt?"*

3. Dissoziiert: Der Blick von außen

Manchmal brauchst du etwas Distanz. In der dissoziierten Wahrnehmung trittst du einen Schritt zurück und betrachtest dich selbst, als ob du eine neutrale außenstehende Person wärst. Du nimmst deine Körpersprache wahr, hörst deine Worte wie ein Beobachter und prüfst, wie du dich in der Situation verhältst.

Warum diese Ebene wichtig ist:
Sie hilft dir, Emotionen zu entschärfen und klarer zu kommunizieren. Du erkennst, ob dein Tonfall vielleicht aggressiv wirkt oder ob dein Körper signalisiert, dass du gerade unsicher bist oder nicht zuhörst.

Risiken:
Wenn du zu lange in der dissoziierten Ebene verweilst, könntest du kühl und distanziert wirken, und dein Gegenüber könnte sich emotional nicht abgeholt fühlen.

Praxis-Tipp:
Stelle dir während des Gesprächs vor, du würdest dich selbst beobachten: Was würde ein Außenstehender denken? Wie wirkt deine Stimme, deine Haltung, deine Wortwahl? Könntest du dich klarer oder freundlicher ausdrücken?

4. Die Metaposition: Der Hubschrauberblick

Dissoziiert 2.0! Jetzt gehen wir noch mehr auf Flughöhe. In der Metaposition nimmst du dich selbst, dein Gegenüber *und* die gesamte Situation wahr. Aus einer neutralen, unbeteiligten Perspektive. Es ist, als würdest du mit einem Hubschrauber über das Gespräch fliegen und alles von oben betrachten: die Emotionen, die Argumente, die Dynamiken.

Warum diese Ebene wichtig ist:
Sie gibt dir den Überblick. In der Metaposition kannst du aus den Emotionen aussteigen und die Sachebene betrachten: Welche Interessen stehen hinter den Worten? Wo könnte ein Kompromiss liegen? Wo sind die Schnittmengen?

Risiken:
Die Gefahr ist, dass du zu analytisch wirst und den emotionalen Zugang verlierst. Ein Hubschrauber kann alles sehen, aber leider nichts fühlen. Vergiss also nicht, auch wieder zu landen.

Praxis-Tipp:
Frag dich während des Gesprächs: Was ist das größere Bild? Was ist das Ziel dieses Gesprächs, und zwar für mich als auch für die andere Person? Wie kann ich dieses Ziel erreichen, ohne jemanden zu verletzen oder zu übergehen?

Der Wechsel zwischen den Ebenen

Die Magie liegt nicht darin, eine dieser Ebenen zu wählen, sondern darin, flexibel zwischen ihnen wechseln zu können. Hier ein Beispiel, wie das in der Praxis aussehen könnte:

1. **Ich-assoziiert:** Zu Beginn eines Krisengesprächs merkst du, dass du wütend bist. Du benennst diese Emotion für dich: *„Ich bin gerade frustriert, weil..."*

2. **Du-assoziiert:** Du hörst aktiv zu und fragst dein Gegenüber nach seinen Gefühlen: *„Was genau stört dich an der Situation?"*

3. **Dissoziiert:** Während dein Gesprächspartner spricht, beobachtest du dich selbst: *„Habe ich gerade die Arme verschränkt? Wirkt mein Ton aggressiv?"*

4. **Metaposition:** Am Ende überlegst du, wie dieses Gespräch in einen größeren Kontext passt: *„Wie können wir beide sicherstellen, dass der Konflikt nicht wieder eskaliert?"*

Nach dem Gespräch: Reflektiere! Analysiere und mache dir die verschiedenen Ebenen nochmals bewusst. Wie ging es mir vorher und wie geht es mir jetzt? Habe ich mein Gegenüber gesehen? Was war zu distanziert oder zu nah? Wie ist das Gespräch im Gesamtkontext zu bewerten?

Niemand balanciert diese Ebenen perfekt. Aber je bewusster du sie einsetzt, desto souveräner wirst du. Und genau das macht den Unterschied, das bedeutet Wachstum.

 # Wahrnehmungsebenen im Gespräch

- Ich-assoziiert: Ich erlebe meine Situation rational und emotional mit eigenen Sinnen

- Du-assoziiert: Ich denke mich in meinen Gesprächspartner hinein und versetze mich in seine Lage

- Dissoziiert: Ich betrachte mich selbst von außen und erlebe von dort meine Situation

- Die Metaposition: Ich gehe „raus" aus der Situation und schaue mit „Hubschrauberblick" auf alle Zustände, die für mich von Bedeutung sind. Unemotional, nicht anhaftend und frei von Betroffenheit

1. Was soll mehr, weniger, anders oder einfach besser?

Gesprächsinhalte, in denen es um diffuse Unzufriedenheit geht (*„Ich weiß auch nicht, warum ich so lustlos bin…"*) sind wie Kochen ohne Rezept: Manchmal passt zwar formell alles zusammen, und trotzdem fragt man sich, warum das Süppchen fad schmeckt, obwohl man doch Salz und Pfeffer zur Hand hatte. Auf den Tisch sollten dann einfach mal schlichte, aber auf das Entscheidende eingedampfte Fragen kommen:

Was sollte denn größer oder kleiner, mehr oder weniger, schneller oder langsamer, intensiver oder milder sein?

Diese Art von Fragen sind oft der Moment, in dem du merkst: Jetzt öffnet sich ein Schloss.

- *„Was möchtest du gern in deinem Leben größer machen?"*
- *„Wovon darf es bitte weniger sein?"*
- *„Was kommt in unseren Meetings ständig zu kurz?"*
- *„Welches Thema sollte intensiver besprochen werden?"*

Klingt banal? Vielleicht. Aber oft liegt die Wahrheit im Einfachen. Denn dein Gegenüber kommt so besser mit seinen Gefühlen, Wünschen oder Bedürfnissen in Kontakt, ohne Umwege über lange Erklärungen.

2. Skalieren: Die Geheimwaffe für Perspektivwechsel

Wenn dann immer noch nicht viel geht, geht immer noch eine Skalenfrage:

„Wie fühlst du dich heute auf einer Skala von 1 bis 10?"
- „4."
„Okay, was bräuchtest du, um auf eine 5 oder 6 zu kommen?"

Was passiert?

Dein Gegenüber wird aus der Starre geholt. Der Fokus liegt nicht mehr auf der „4" sondern auf der Frage, was ihn voranbringen könnte. Es geht nicht um die große Lösung, sondern um den nächsten kleinen Schritt. Die Perspektive ändert sich.

Warum funktioniert das?

Die Magie dieser Fragen liegt in ihrer Einfachheit. Anstatt sich in langen Problemanalysen zu verlieren, richtest du den Fokus auf:

- Gefühle und Bedürfnisse: Was fühlt sich *zu viel* oder *zu wenig* an?

- Bewegung: Was könnte/müsste sich verändern und vor allem: Wie?

- Klarheit: Dein Gegenüber spürt oft intuitiv, was er oder sie gerade braucht.

3. Was ein Gespräch weiterhin voranbringt

Sackgassen gibt es viele in solchen Gesprächen. Hier ein paar weitere Fragen, die den Raum öffnen können:

- *„Wem oder was möchtest du mehr Zeit widmen - und warum?"*

- *„Was müsste heute passieren, damit sich dein Tag am Abend gut anfühlt?"*

- *„Wenn du alles loslassen könntest, was dich stört, was bleibt übrig?"*

Das ist kein großes Hexenwerk, sondern ein Balanceakt zwischen Fragen und Raum geben. Die Kunst liegt darin, die richtigen Knöpfe zu drücken, oder es einfach mit einer Skala zu probieren. Am Ende zählt, dass dein Gegenüber sich verstanden fühlt und ins Handeln kommt.

Also: Wie fandest du dieses Kapitel auf einer Skala von 1 bis 10 und was müsste ich tun, um es auf eine 10 zu bringen?

 # Nachhaken bis zum Kern der Sache

Oft dreht es sich um 4 Kriterien:

- Wird es besser?
- Wird es schlechter?
- Bleibt es gleich?
- Wird es anders?

Und an welchen „Stellschrauben"
können wir drehen, damit es:

- mehr/weniger
- größer/kleiner
- langsamer/schneller
- stärker/schwächer
- intensiver/milder

wird?

Haltungssache: Wie du als wertvoller Gesprächspartner punkten kannst

„Ham' wir'n Plan?" Diese Frage verbinde ich immer mit dem Pragmatismus von Konrad Adenauer. Ein guter Plan ist der halbe Weg aus jedem Problem. Doch wie kommt man in kniffligen Gesprächen, sei es mit Freunden oder Kollegen, zu einem solchen Plan, ohne dass man bereits vorher die konkreten Inhalte des Gesprächs kennt? Hier spielt deine Haltung als Gesprächspartner eine entscheidende Rolle.

Bitte kein Belehren

Auch problembehaftete Gespräche bedeuten für dein Gegenüber nicht, sich von dir belehren zu lassen. Ganz im Gegenteil. Es geht darum, deinem Gegenüber dabei zu helfen, eigenständig zu reflektieren und zu entscheiden. Das Ziel ist, die Autonomie und Handlungsfähigkeit des anderen zu stärken. Das bedeutet auch: Die Verantwortung für das Lösen des Problems bleibt bei deinem Gegenüber.

Bin ich zu nah dran?

Diese Frage solltest du dir vorher stellen. Manchmal bist du als Freund oder Kollege zu nah an der Situation, vielleicht befangen oder emotional involviert. Man will unbedingt helfen, klar. Aber manchmal ist das Gegenteil von *gut* eben nur *gut gemeint*. Und nützt dann nichts. Man verrennt sich gemeinsam im Kaninchenbau der Sorgen und Emotionen. Ein

Außenstehender hingegen bietet oft eine unabhängige Perspektive, fungiert als Reflexionsfläche und stellt auch die unangenehmen Fragen, die vielleicht notwendige Erkenntnisse bringen. Er ist der Advocatus Diaboli und trotzdem stets auf der richtigen Seite. Hier weitere Punkte, die dir helfen können:

- **Sei ein Verbündeter auf Zeit!** Als effektiver Gesprächspartner kannst du für deinen Gegenüber ein temporärer Verbündeter sein. Deine Aufgabe? Unterstützen, ohne Abhängigkeiten zu schaffen.

- **Der wahre Experte sitzt dir gegenüber!** Niemand kennt das Leben deines Gegenübers besser als er oder sie selbst. Deine Rolle ist es, die richtigen Fragen zu stellen, nicht Antworten vorzugeben.

- **Ein Problem zu einem Ziel werden lassen:** Ein Problem kann man umdrehen mit der Frage: „*Wie soll es denn stattdessen sein?*" So entdeckt man oft gemeinsam einen verborgenen Wunsch oder ein Ziel. Das hilft dabei, den Fokus auf Lösungen zu lenken.

- **Was willst du im Nebenzimmer?** Bevor jemand mit dem Kopf durch die Wand geht, stell ruhig mal die Frage, was er im Nebenzimmer will. Auch solltest du gemeinsam mit ihm klären: Welche Absicht steckt dahinter? Welches Ziel oder Plan steckt dahinter? Oftmals wird so kopfloses Verhalten enttarnt und rechtzeitig Schlimmeres verhindert.

Das alles sollte dir helfen, Raum für neue Handlungsoptionen zu schaffen. Am Ende stehen Möglichkeiten offen oder klar formulierte Absichten und Ziele. Das gibt Halt und Orientierung in unsicheren Momenten. Hier haben wir ihn, den Eingangs erwähnten Plan, der der halbe Weg zur Lösung ist. Ohne das Entwickeln von konkreten Handlungsoptionen bleibt das Gespräch oft nur ein Austausch von Problemen, ohne ins Tun zu kommen. Und genau das gilt es zu vermeiden.

Nützliche Haltungen in deinen Gesprächen

-Bedenke: Niemand kennt das Leben deines Gegenübers besser als er oder sie selbst

-Drehe ein Problem um und lasse es zu einem Ziel werden („Du fühlst dich gestresst - was brauchst du für ein entspanntes Arbeiten?")

- „Bevor du mit dem Kopf durch die Wand gehst, überlege: Was willst du im Nebenzimmer?" (Formuliere klare Absichten, Ziele und einen Plan, bevor es losgeht)

- Streue kein Konfetti in das Leben des anderen, sondern mache dich nach getaner Arbeit am besten wieder überflüssig

Do's und Don'ts in (Entwicklungs-)gesprächen

Entwicklungsgespräche können vieles sein: Ein Schlüssel zur Weiterentwicklung, sei es in beruflicher oder persönlicher Hinsicht, eine rettende Leitplanke, wenn jemand im Dunkeln tappt oder einfach ein vertiefendes Kennenlernen des Gegenübers. Doch wie bei jeder Interaktion gibt es auch hier gewisse Fallen, in die man leicht tappen kann. In diesem Kapitel werfen wir einen Blick auf die Do's und Don'ts in solcher Art von Gesprächen.

1. Don'ts: Dinge, die du vermeiden solltest

…Gespräche mit immer denselben Inhalten (Tools)

Wenn Gespräche ähnlich wie Fast-Food-Bestellungen am Drive-in durchgeführt werden, mit den immer gleichen Zutaten, dann fühlt sich so ein Austausch irgendwann wie eine langweilige Pflichtübung an, und zwar für beide Seiten.

Hier ein Klassiker aus meinem Alltag als Coach: Persönlichkeitstests! Diese sind oft ein wertvolles Tool und gewähren interessante Erkenntnisse, aber mir ist es auch schon passiert, dass ich auf einen Gesprächspartner treffe, der bereits viele dieser Tests in ähnlichen Gesprächen hinter sich gebracht hat und mich nun ironisch grinsend mit seinen bisherigen Testergebnissen konfrontiert: *„Glückwunsch, Sie sitzen einem faktenbasierten Teamworker gegenüber, der detailverliebt ist, sich gleichzeitig in selbstloser Hingabe dem Prozess widmet* *und mit seinem introvertierten Interesse an Logik jedes Meeting mit durchdachten Excel-Tabellen sprengt. Kurz, der ungeliebte Held, den niemand bemerkt, aber der irgendwann dringend gebracht wird, meist für die ungeliebten Aufgaben."*

Derjenige war also bereits sehr oft *durchanalysiert* und entsprechend gelangweilt. Die Lösung: Ich frage vorher, ob schon Ergebnisse oder Erfahrungen mit solchen Tests oder anderen Tools gemacht wurden sind, um diesen Punkt dann ggf. einfach abzukürzen, einzubinden oder mit dem nächsten Thema weiterzumachen.

Fluten des Gesprächs mit *„Tschacka, du schaffst das"*-Momenten

Motivation ist wichtig, aber wenn du deinem Gegenüber ständig mit überzogenen Motivationssprüchen wie *„Ein Diamant ist bloß Kohlenstoff, das genügend Ausdauer hatte"* oder *„Träume groß, der Mond ist nur ein Zwischenstopp"* bombardierst, wird das Gespräch schnell oberflächlich und verpasst die Chance, eine echte, tiefergehende Ebene zu erreichen. Okay, und bevor jemand fragt: Es gibt tatsächlich auch gute Sprüche. Meistens, wenn es einen persönlichen Bezug dazu gibt. Zu meiner Zeit als Vereinsschwimmer rief mein Trainer oft: *„Das kalte Wasser wird nicht wärmer, wenn ihr später springt!"* Dieser Spruch wirkt bis heute bei mir nach!

2. Do's: Was du lieber machen solltest

Echtes und individuelles Interesse an deinem Gegenüber

Jeder Mensch ist einzigartig und damit auch jedes Entwicklungsgespräch. Zeige echtes Interesse und gehe auf die individuellen Bedürfnisse und Sorgen ein. Jeder Jeck ist anders, und jede Situation verlangt eine andere Herangehensweise.

Werde Fan von deinem Gegenüber

Ja, du kannst und solltest ein Fan von deinem Gesprächspartner sein! Was kann er oder sie richtig gut? Was bewegt dich an seiner oder ihrer Persönlichkeit? Welche Geste magst du besonders? Pflege das Vorhandene! Diese Begeisterung bringt nicht nur Wertschätzung, sondern auch eine positive Atmosphäre in das Gespräch.

Akzeptieren, dass man im Gespräch manchmal auch nicht weiter weiß

Es ist vollkommen in Ordnung, nicht immer sofort eine Antwort oder Lösung parat zu haben. Zeige, dass es okay ist, nicht immer alles zu wissen und dass ihr gemeinsam nach Lösungen suchen werdet. Verbindlichkeit ist das Zauberwort, nicht Allwissenheit. Das gibt Raum für Vertrauen und echte Problemlösung.

3. Was tun bei krisenbehafteten Gesprächen (z. B. nach einer Niederlage oder einer Enttäuschung)?

Ein solches Gespräch ist besonders sensibel und erfordert einfühlsames und strukturiertes Vorgehen. Hierfür ist dir vielleicht eine mögliche Schritt-für-Schritt-Anleitung nützlich:

Schritt 1: Aktives Zuhören ohne Unterbrechung
Du kennst es bereits, aber es ist wichtig: Lasse genug Raum, Gefühle und Gedanken auszusprechen. Vermeide es, sofort Ratschläge zu erteilen oder das Gespräch in eine bestimmte

Richtung zu lenken. Dein Ziel in dieser Phase ist es, wirklich nur zuzuhören und die Situation zu verstehen.

Schritt 2: Validierung der Gefühle

Validierung bedeutet hier, dass du die Empfindungen des anderen anerkennst, ohne sich diese zu eigen zu machen. Es bedeutet Respekt für die Situation des Gegenübers. Bestätige die Emotionen. Sätze wie *„Es ist völlig normal, sich jetzt so zu fühlen"* zeigen Empathie und helfen zu entlasten.

Schritt 3: Gemeinsame Reflexion

Frage weiter nach, anstatt sofort Lösungen anzubieten und lade dazu ein, die Situation zu reflektieren. Bei all dem Frust: Was läuft ansonsten? Worauf kann er oder sie sich auch jetzt verlassen? Was hat er oder sie trotz der Enttäuschung schon alles erreicht?

Schritt 4: Kleine, erreichbare Schritte setzen

Nach der Reflexion ist es nützlich, gemeinsam kleine, erreichbare Ziele bzw. nächste Schritte zu setzen. Diese können dem Gegenüber helfen, Licht am Ende des Tunnels zu sehen und wieder mehr Vertrauen in sich selbst zu gewinnen.

Schritt 5: Positives Nachverfolgen

Vereinbare regelmäßige Follow-up-Termine, um den Fortschritt zu besprechen und das Gefühl zu geben, dass dein Gesprächspartner nicht allein mit seinen Herausforderungen ist. Schaffe Motivation und klare Perspektiven.Vermeide Standardrhetorik, baue eine echte Verbindung auf und habe den Mut, auch mal zuzugeben, dass du nicht alle Antworten hast. Das gute Gefühl nach solchen Gesprächen liegt oft im gemeinsamen Entdecken von Lösungen.

Do´s und Don´ts
in Gesprächen

Do´s:
-Echtes und individuelles Interesse am Gegenüber!
 (Jeder Jeck und jedes Thema ist nun mal anders)

-Fan werden! (Was kann mein Gegenüber richtig gut,
 was gefällt oder imponiert mir bei ihr/ihm?)

-Akzeptieren, das man im Gespräch manchmal auch
 nicht weiter weiß, das offen zugibt und dann
 gemeinsam weitermacht. Die nächste Lösung liegt
 häufig um die Ecke!

Don´ts:
-Ständige rhetorische Phrasen wie „Ich verstehe
 deinen Punkt" oder „Das ist ein wichtiger Impuls"
 im Sekundentakt

-Gespräche mit immer den gleichen Zutaten (Tools)
 wie bei einem Fast-Food Restaurant (Fragebogen 1,
 2, 3, 4, 5…)

-Überfrachten des Gesprächs mit „Tschacka du
 schafft das!" Momenten

Chunking, die Superkraft der Informationsverarbeitung

Die grundsätzliche Idee des Chunking ist einfach: Komplexe Aufgaben und Informationen in leicht verdauliche Brocken zu zerlegen (Chunk-down) oder auch Kleinteiliges zu größeren Einheiten zusammenzufassen (Chunk-up). Der Trick dabei ist, dass unser Gehirn mit einem gut strukturierten System besser arbeitet. Warum? Unser Verstand hat eine begrenzte Kapazität, sich alles auf einmal zu merken. Er würde sonst *verstopfen*. Hast du schon mal versucht, dir einen riesigen Text am Stück zu merken, ohne Absätze oder Überschriften? Das klappt meist nicht so gut, deshalb…

Chunk-down: Die Zerteilung des Ungeheuers

Vielleicht hast du es selbst schon erlebt: Du schaust auf eine große Aufgabe, die einfach zu viel erscheint. Das ist der Moment, in dem das Chunk-down ins Spiel kommen sollte. Indem wir die Aufgabe in kleinere, handhabbare Schritte aufteilen, ziehen wir dem Aufgabenmonster die Zähne. Das Stück für Stück Abarbeiten, das Herunterbrechen in Teilziele und Etappen sorgt nicht nur für mehr Klarheit, sondern auch für das beruhigende Gefühl, etwas unter Kontrolle zu haben. Die Aufgaben erscheinen plötzlich weniger überwältigend, als wäre der Berg in mehrere kleine Hügel verwandelt.

Chunk-up: Das Gesamtbild im Blick behalten

Doch was ist, wenn wir uns in den Details verlieren und das große Ganze nicht mehr sehen können? Hier kommt das Chunk-up ins Spiel. Wir gehen einfach eine Etage höher. Anstatt uns in den Mikro-Aspekten zu verlieren, fassen wir mehrere kleine Aufgaben zu einem größeren, übergeordneten Thema zusammen. In einem Projekt ist es beispielsweise nützlich, gleich zu Anfang die großen und wichtigen Pflöcke einzuschlagen, bevor man sich schon bei der ersten Aufgabe in Details und Diskussionen verrennt und nur zäh weiterkommt.

Auf diese Weise gewinnen wir die Übersicht zurück. So betrachtet werden aus *„50 nervige E-Mails beantworten und Spam rausfiltern"* plötzlich nur noch *„Posteingang abarbeiten"*. Kein Grund zur Panik, jetzt geht's ohne Tippelschritte voran.

Chunk-sideways: Den kreativen Blickwinkel einnehmen

Es gibt aber noch eine weitere Möglichkeit, die Dinge zu ordnen, und das ist das Chunk-sideways. Was passiert, wenn wir die Aufgabe nicht linear betrachten, sondern die Perspektive wechseln und Analogien oder Vergleiche heranziehen? Vielleicht erinnern wir uns an eine ähnliche Herausforderung aus der Vergangenheit oder stellen uns die Aufgabe als Puzzle vor, das Stück für Stück zusammengefügt werden muss. Diese Art des Seitwärtsdenkens eröffnet neue Wege, mit der Aufgabe umzugehen, und lässt unser Gehirn auf unkonventionelle, kreative Weise Lösungen finden.

Warum es funktioniert

Chunking ist ein psychologisches Werkzeug, um unser Gehirn so zu trainieren, dass wir besser mit den Informationsfluten zurechtkommen. Unser Gehirn mag es, Dinge in Schubladen zu stecken, mit klaren Kategorien, die sich nach Bedarf öffnen und schließen lassen. Wenn wir diese mentalen Schubladen geschickt nutzen, können wir das Chaos besser ordnen und uns das Gefühl der Kontrolle zurückholen, um nicht in der Unordnung der eigenen Gedanken zu versinken.

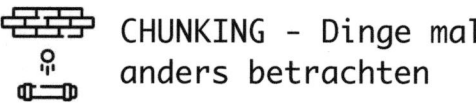 # CHUNKING – Dinge mal anders betrachten

- Komplexe Aufgaben in „leicht verdauliche Brocken" runterbrechen *(Chunk-down)*

- Kleinteilige Aufgaben in größere Cluster zusammenfassen *(Chunk-up)*

- Besseres Verstehen durch Analogien u. Vergleiche bilden *(Chung-Sideways)*

Im Chunking ändern wir unsere Wahrnehmung. Dadurch verändern sich die Informationen ins große Ganze, in die Details oder in Vergleiche, die einen besseren Zugang zum Thema ermöglichen können.

FÜNF KLEINE DINGE, DIE DEIN LEBEN ERLEICHTERN

Manchmal sind es die kleinen Dinge, die das Leben leichter machen und manchmal die großen Dinge, die wir einfach nur ein wenig anders betrachten müssen. In einer Welt, die ständig von Komplexität und Verpflichtungen umgeben ist, gibt es ein paar einfache Wahrheiten, die uns den Weg zu mehr Leichtigkeit und Gelassenheit ebnen können. Hier sind fünf Gedanken, die das Leben ein kleines Stückchen einfacher machen.

1. Diskutiere nicht mit Menschen, die deinen Standpunkt nicht erfahren, sondern immer nur gewinnen wollen

Es gibt Gespräche, die mehr einer sportlichen Auseinandersetzung gleichen als einem echten Dialog. Manchmal trifft man auf Menschen, deren Ziel nicht das Verständnis, sondern der Sieg ist. Der Moment, in dem du merkst, dass du dich in einem ständigen Wettkampf befindest, anstatt in einem Austausch, ist der Moment, an dem du vielleicht innehältst und dir sagst: *„Das muss ich mir nicht (mehr) geben."*

Die Kunst liegt darin, sich nicht in diese Auseinandersetzungen hineinziehen zu lassen, sondern den Blick auf seinen inneren Frieden zu richten. Auf die Gespräche, die Raum für Verständnis und Empathie lassen. Warum also Energie verschwenden? Sag, was du zu sagen hast, und dann lass die anderen in ihrem eigenen kleinen Ego-Turnier weitermachen.

2. Geh´ ruhig öfter dem Bedürfnis nach, für dich selbst einzutreten

Es gibt diese Momente, in denen wir uns zurücknehmen, aus Rücksichtnahme, aus Höflichkeit oder weil wir denken, es sei besser so. Doch manchmal ist der wahre Akt der Höflichkeit nicht, sich immer wieder anzupassen, sondern ruhig und entschieden für sich selbst einzutreten. Es ist eine Einladung an uns selbst, die eigenen Bedürfnisse nicht aus den Augen zu verlieren: *„Du selbst zu sein in einer Welt, die dich ständig anders haben will, ist die größte Errungenschaft."* (Ralph W. Emerson)

3. „Achte nicht immer auf die Vernunft. Vernunft empfiehlt oft nur das, was ein anderer gern möchte!"

Dieser schöne Satz stammt von Elizabeth Gaskell, einer britischen Schriftstellerin. Ich mag ihn sehr, denn so oft hört man den gegenteiligen Rat, vernünftig zu sein. Besonders dann, wenn das Herz mehr spricht als der Kopf. Doch wer hat eigentlich die Vernunft patentiert?

Der Vernunft wird häufig ein Gewicht zugeschrieben, das sie gar nicht immer tragen sollte. Sie ist oft mehr das Produkt der Wünsche und Erwartungen anderer als die eigene innere Wahrheit. Manchmal ist es der Schritt abseits der Vernunft, der uns wirklich zu uns selbst führt. Ein Hauch von Unvernunft, ein flüchtiger Moment des Herzens. Und mal ehrlich: Wie viele der besten Geschichten beginnen mit *„Ich habe das gemacht, weil es vernünftig war"*?

Eben.

4. Lerne ruhig zu bleiben, nicht alles verdient eine Reaktion

Immer wenn jede Nachricht und jeder Kommentar sofortige Antworten zu erfordern scheinen, liegt eine ganz besondere Stärke im Innehalten. Manchmal ist der klügste Schritt, gar nicht zu reagieren und das gilt besonders dann, wenn uns die Welt um uns herum zu sehr fordert. Es ist erstaunlich, wie viel Entspannung entsteht, wenn wir nicht sofort auf jede Provokation anspringen oder auf jede Herausforderung eine Antwort parat haben müssen. Der wahre Luxus des Lebens ist die Fähigkeit zu wissen, wann man die Stille für sich sprechen lassen sollte und es ist vollkommen legitim, über eine Reaktion erst nachzudenken.

5. Ganz oft hilft einfach nur lächeln und winken

Und dann gibt es diese Momente, in denen ein Lächeln und ein sanftes Winken mehr Sinn machen als tausend Warnungen oder Hinweise. Deine Kollegin will schon wieder Drama? Lächeln und winken. Jemand kritisiert dich aus Prinzip? Lächeln und winken.

Es ist die Kunst, den inneren Frieden zu bewahren, ohne sich in sinnlose Konflikte ziehen zu lassen. Manchmal ist das Leben eben nicht zu ändern, und manchmal ist es auch nicht die Mühe wert. Weitergehen, als wäre man ein Reisender in einer fremden Stadt, der weiß, dass man für das, was einem begegnet, nicht verantwortlich ist. Lächeln und Winken, vielleicht das wirkungsvollste Mittel, um in einem chaotischen Umfeld wieder ein bisschen Harmonie zu finden.

Diese fünf Tricks sind keine Wundermittel, aber sie können dein Leben vielleicht etwas erleichtern. Es geht nicht darum, immer alles richtig zu machen, sondern darum, klüger zu leben und dabei ein bisschen Spaß zu haben. Mach das Leben zu deinem Spielplatz, nicht zu deiner Kampfarena.

 # 5 Dinge, die dein Leben erleichtern

-Diskutiere nicht mit Menschen, die deinen Standpunkt nicht erfahren, sondern immer nur gewinnen wollen

-Gebe ruhig öfter dem Bedürfnis nach, für dich selbst einzutreten

-Achte nicht immer auf die Vernunft. Vernunft empfiehlt oft nur das, was ein anderer gern möchte (E. Gaskell)

-Lerne ruhig zu bleiben, nicht alles verdient eine Reaktion

-Ganz oft hilft einfach nur lächeln und winken ;-)

Veränderungen im Leben: Warum es manchmal sinnvoll ist, die Komfortzone zu verlassen (und manchmal auch nicht)

Veränderungen. Ein Wort, das uns dazu einlädt, alles über den Haufen zu werfen, was wir kennen? Besser nicht. Bevor wir uns der Herausforderung stellen, das Leben in ein neues, glänzendes Format zu pressen, sollten wir zuerst ehrlich Inventur machen. Wir müssen herausfinden, was funktioniert und was nicht, aber vor allem, warum wir uns nicht einfach weiterhin in unseren lieb gewonnenen Gewohnheiten weiter suhlen wollen oder können.

Die Checkliste:

1. Was läuft denn schon gut und sollte behalten werden?

Bevor du die Veränderungsmaschine anwirfst, solltest du einen Moment innehalten und überlegen: Was läuft denn eigentlich schon richtig gut in deinem Leben? Denn es gibt Dinge, die gut sind wie sie sind, Dinge, die du nicht einfach aufs Spiel setzen solltest.

Vielleicht sind deine Freundschaften, die du seit Jahren pflegst, die Konstante, die dich durch die Stürme des Lebens begleiten. Oder du hängst an der angestoßenen Tasse von Oma, die dir immer ein Lächeln ins Gesicht zaubert, wenn du deinen Tee daraus trinkst. Was auch immer es ist: das *Gut* zu bewahren, ist tatsächliche Grundlage für jede Veränderung.

Manchmal ist das Beste, was du tun kannst, einfach weiterzumachen, was du bisher schon richtig machst, und dabei trotzdem nach einem kleinen Upgrade suchst.

2. Was möchtest du ändern?

Jetzt kommen wir zum spannenden Teil: Was willst du tatsächlich verändern? Hast du das Gefühl, dass du mehr in deinem Leben erreichen könntest, wenn du nur diese eine nervige Angewohnheit loswerden würdest, wie etwa das ständige Aufschieben oder dein Verlangen nach einer Portion Pommes nach Mitternacht? Oder träumst du von einer radikaleren Veränderung, wie zum Beispiel einem Karriereschwenk oder einer anderen Reise ins Ungewisse?

Es ist wichtig, sich zu fragen: Was bringt mir diese Veränderung wirklich? Manchmal wollen wir einfach nur etwas Neues, aber eine klare Vorstellung davon, was du von dieser Veränderung erwartest, ist entscheidend. Willst du mehr Freiheit? Weniger Stress? Oder vielleicht einfach nur ein wenig mehr Spaß im Leben? Den Nutzen deiner Veränderung zu kennen, hilft dir, fokussiert zu bleiben und nicht nach jeder Glitzerillusion auf dem Weg vom Kurs abzukommen.

3. Wie sähe eine ideale Kombination von Alt und Neu aus?

Die perfekte Veränderung besteht nicht nur aus einem Haufen neuer Ideen, es ist eine Kombination aus bewährtem Wissen und innovativen Ansätzen. Stell dir vor, du behältst deine Arbeitsroutinen bei, aber tauschst deinen Arbeitsplatz gegen ein flexibles Home-Office-Modell aus. Oder du behältst dein üppiges Wochenendfrühstück bei, aber gehst am Samstag ins

Fitnessstudio, um das Wochenende mit etwas mehr Energie zu starten.

Es geht darum, die Stärken des Bestehenden zu nutzen und diese in eine neue Richtung zu lenken. Ein bisschen Veränderung muss nicht immer alles umkrempeln. Du kannst es langsam angehen, indem du einfach ein paar kleine Anpassungen vornimmst. Die Kunst nachhaltiger Veränderung liegt darin, das Beste aus beiden Welten zu kombinieren.

4. Woran hast du noch nie gedacht?

Manchmal sind die besten Veränderungen diejenigen, die wir niemals in Betracht gezogen haben. Hast du jemals darüber nachgedacht, einfach mal etwas völlig anderes zu machen? Vielleicht hast du nie die Idee gehabt, ein neues Hobby zu beginnen. Was wäre, wenn du das jetzt tust? Was, wenn du dich entschieden hast, mit Meditation anzufangen oder einfach einmal alleine zu verreisen? Oder (und das wäre die ultimative Zumutung!) du würdest dir eine digitale Detox-Pause gönnen und einfach deine sozialen Medien für eine Woche abschalten. Wetten, das macht dein Leben schon in den ersten Tagen, sagen wir mal…anders?

Die Dinge, an die du nie gedacht hast, sind oft die Türen, die dir neue Perspektiven eröffnen können. Manchmal kann auch eine kleine, unerforschte Entscheidung der Schlüssel zu einer Veränderung sein, die du nie erwartet hättest.

5. Jede Veränderung hat ein Preisschild

Wer denkt, Veränderung sei kostenlos, irrt. Jede Veränderung hat ein Preisschild, und das ist nicht immer ein Sonderangebot. Sie kostet Zeit, Nerven und sicher auch ein bisschen von deiner Energie. Und wenn du Pech hast, kratzt es auch an deinem Selbstbild („...*ich hatte mich jünger in Erinnerung*"). Du verlässt die Komfortzone, und das fühlt sich nicht immer gut an. Aber ohne diesen Preis würdest du auch nicht wachsen können.

6. Veränderungen sind gewünschte Destabilisierungen

Jede Veränderung ist wie eine kleine Sprengung im System. Du zerstörst, was du lange für sicher und zuverlässig gehalten hast, um Platz für etwas Neues zu schaffen. Klingt dramatisch, ist es auch. Aber oft notwendig. Veränderung ist die Art und Weise, wie das Leben dir sagt: *Hey, hier ist dein Upgrade!* Aber dafür musst du erstmal vieles, was du dir eingerichtet hast und kennst, infrage stellen. Wenn das nicht mal die Definition von *Destabilisierung* ist. Aber genau durch diesen Chaos-Prozess kann Besseres entstehen.

7. Veränderungen sind selten exakt planbar

Du kannst noch so viel planen, noch so viele Excel-Tabellen erstellen, noch so viele Vision-Boards basteln...du willst den sicheren Plan? Das Schicksal kümmert sich nicht darum. Der perfekte Plan existiert nicht. Während der Veränderung geht das Leben weiter. Sei stattdessen flexibel und versuche, wenigstens den groben Überblick zu behalten und dein Ziel nicht aus den Augen zu verlieren.

8. Veränderungen beruhen auf veraltetem Wissen

Achtung, steile These: Du weißt nicht, was du tust. Oder sagen wir es höflicher: Du tust das Beste mit dem Wissen, das dir heute zur Verfügung steht. Aber das bedeutet nicht, dass du in einem Jahr nicht feststellst, dass deine Entscheidungen eben nicht so klug waren. Deine Zukunft ist eine offene Baustelle, die du mit den Informationen baust, die du gerade hast. Und manchmal wirst du feststellen, dass du beim Bauen den falschen Plan hattest. Verzeihe dir das, solange es nach bestem Wissen und Gewissen geschah. Veränderung bedeutet nicht nur, vorwärts zu kommen, sondern auch Fehler zu machen. Lern aus denen und mach weiter. Es ist ein ständiger Prozess der *Trial and Error*.

9. Zutaten: Mut, Ausdauer, Timing, Analyse

Was du wirklich brauchst, sind vier Superkräfte: Mut, Ausdauer, Timing und eine ordentliche Portion Analyse. Ohne Mut bleibst du auf der Couch, anstatt die Welt zu erobern. Ohne Ausdauer wirst du nach der ersten Hürde aufgeben. Timing ist der Zaubertrick: Wer es nicht richtig dosiert, läuft Gefahr, zu früh oder zu spät zu handeln und am Ende blöd dazustehen. Und Analyse? Ohne diese würdest du zwar tun, was du tust, aber hast keine Ahnung, warum. Um es mal einfach zu sagen: Die Zutaten Mut, Ausdauer, Timing und Analyse sorgen für ein Spannungsfeld zwischen ErMUTigung und ZuMUTung.

10. Veränderung braucht nicht immer eine Revolution

Veränderung muss nicht immer groß und dramatisch sein, sondern kann auch subtil und effizient wirken. Sie kann darin bestehen, das Gute zu bewahren, es mit etwas Neuem zu verbinden und auf der Basis von klaren Zielen Veränderungen einzuleiten. Und wenn es um Veränderung geht, solltest du dir selbst die Erlaubnis geben, zu experimentieren, zu scheitern und wieder anzufangen. Veränderungen sind nicht nur etwas, was wir tun - sie sind auch etwas, was wir werden.

Veränderung - Und was kost´mich das...?

- Jede Veränderung hat ein „Preisschild"

- Veränderung ist eine gewünschte „Destabilisierung zum Besseren"

- Veränderung ist selten exakt steuerbar

- Veränderungswünsche beruhen auf dem Wissen welches dir HEUTE zur Verfügung steht

- Veränderungen haben ein Spannungsfeld zwischen ErMUTigung und ZuMUTung

SWOT - DIE REISE ZUR RICHTIGEN STRATEGIE

Bevor eine Strategie entwickelt oder eine wichtige Entscheidung getroffen wird, sollte man sich erstmal Klarheit über die eigene Ausgangslage verschaffen. Genau dafür ist die SWOT-Analyse geeignet. Sie wurde in den 1960er Jahren entwickelt und diente ursprünglich dazu, erfolgreiche Unternehmensstrategien zu analysieren. Heutzutage wird sie auch gern im persönlichen Bereich genutzt. Ihr Ziel ist es, die Stärken und Schwächen sowie Chancen und Risiken zu einem Thema oder Idee zu beleuchten. Die Methode ist einfach, aber wirkungsvoll, deshalb nutze ich sie bei passender Gelegenheit auch gern in Gesprächen, um dort Struktur reinzubringen.

Schritt 1: Definiere dein Ziel oder Thema

Bevor du mit der SWOT-Analyse beginnst, musst du dir klar darüber werden, worauf du dich konzentrieren möchtest. Es könnte eine persönliche Herausforderung sein (z.B. Karriereplanung, Weiterbildung), eine spezifische Situation (z.B. ein Projekt, ein Unternehmen oder ein Produkt) oder eine langfristige Vision (z.B. ein Lebensziel).

Schritt 2: Stärken identifizieren

Überlege dir, was du gut kannst und welche Vorteile gegenüber anderen du in Bezug auf dein Ziel oder Thema hast. Hier geht es darum, objektiv auf deine Fähigkeiten, Ressourcen und alles, was dir von Natur aus zugutekommt, zu schauen.

Achte auf Dinge, die dir leichter fallen als anderen, und die dich von anderen abheben.

- Was sind meine größten Erfolge bisher?

- Welche Fähigkeiten oder Kenntnisse habe ich, die mir helfen können, mein Ziel zu erreichen? (Gute Kommunikationsfähigkeiten, umfangreiche Berufserfahrung, starke Netzwerke.)

- Was schätzen andere an mir? Welche positiven Rückmeldungen bekomme ich regelmäßig?

- Was läuft in meiner aktuellen Situation besonders gut?

Schritt 3: Schwächen ermitteln

Hier schaust du objektiv auf deine weniger vorteilhaften Seiten. Welche Dinge hindern dich daran, dein Ziel zu erreichen? Welche Ressourcen fehlen dir? Was könnte dich in der aktuellen Situation oder auf deinem Weg zu deinem Ziel behindern?

- Was läuft momentan weniger gut? Wo habe ich Defizite? (Mangelnde Zeit, fehlende Fähigkeiten, hohe Selbstzweifel etc.)

- Welche negativen Glaubenssätze trage ich in mir?

- Welche schlechten Angewohnheiten oder ineffizienten Prozesse hindern mich am Fortschritt?

- Was könnten andere als meine Schwächen wahrnehmen?

Schritt 4: Chancen analysieren

In diesem Schritt geht es darum, externe Faktoren zu identifizieren, die dir helfen könnten, dein Ziel zu erreichen. Chancen können Veränderungen in deinem Umfeld, neue Trends, neue Ressourcen oder unerforschte Möglichkeiten sein.

- Welche Entwicklungen könnte ich für mich nutzen?

- Gibt es neue Möglichkeiten, die sich aufgrund externer Faktoren eröffnen (z.B. neue Technologien, gesellschaftliche Trends)?

- Was könnte mir oder meiner Unternehmung helfen, in Zukunft erfolgreicher zu werden?

- Wer oder was könnte mich unterstützen?

Schritt 5: Risiken erkennen

Jetzt geht es darum, mögliche Bedrohungen oder Risiken zu benennen, die dein Ziel gefährden könnten. Diese kommen meist aus externen Faktoren und könnten in Form von Wettbewerb, wirtschaftlichen Veränderungen, schlechten Rahmenbedingungen oder persönlichen Herausforderungen auftreten.

- Welche externen Faktoren könnten mir im Weg stehen? (Wirtschaftliche Unsicherheit, sich ändernde Rahmenbedingungen etc.)

- Welche Entwicklungen oder Veränderungen könnten mir schaden oder meine Pläne zunichte machen?

- Gibt es eine Konkurrenz, die besser aufgestellt ist oder größere Ressourcen hat?

- Was könnte meine Fortschritte noch verzögern oder gefährden?

Die SWOT-Analyse ist nicht nur eine einmalige Übung. Es ist wichtig, regelmäßig zu überprüfen, wie sich die verschiedenen Elemente ändern. Stärken können sich weiterentwickeln, Schwächen können verringert werden, Chancen und Risiken können sich im Laufe der Zeit verändern.

SWOT...wirbelt ganz schön was auf!

Die SWOT-Analyse ist (auch im Team) ein geniales Tool, um Vorhaben zu planen!

Stärken (Strenghts):
Was zeichnet uns aus? Was läuft gut? Wo sind wir besser als andere und warum? Welche Fähigkeiten und Ressourcen haben wir?

Schwächen (Weakness):
Wo treten Probleme auf? Was können andere besser? Welchen Preis zahlen wir, wenn es so bleibt?

Chancen (Opportunities):
Wer kann uns dabei helfen? Welche „Verbündete" haben wir? Was hätten wir gewonnen?

Risiken (Threats):
Was hindert uns, besser zu sein? Was könnte uns Probleme bereiten? Was geben wir auf?

ENDLICH NEINSAGEN KÖNNEN

Ein Appell an den gesunden Egoismus: Ich sage mal... Nein!

Ein wirksames *Nein* ist ein Mix aus Mut, Höflichkeit und Bestimmtheit. Man könnte es fast als eine Edelform der Kommunikation bezeichnen, bestehend aus nur vier Buchstaben.

Wie oft haben wir uns schon in ein *Ja* verwickeln lassen, weil wir dachten, es sei die höflichere Antwort? Und wie oft haben wir uns hinterher gefragt: *„Warum um Himmels willen habe ich nicht einfach Nein gesagt?"*

Meine Erfahrung: Nein zu sagen trägt zwar oft kurzfristig zu Schuldgefühlen, langfristig jedoch zu mehr Wohlbefinden bei. Es schützt mich vor Überforderung, vor sozialer Erschöpfung und vor der Tatsache, dass der eigene Kalender mittlerweile mehr als voll ist. Vielleicht schaffe ich es bis zum Ende dieses Kapitels auch die chronischen Ja-Sager zu überzeugen, dass ein *Nein* bloß ein höflicher Hinweis darauf ist, dass man für sich selbst sorgt.

Ein Zeichen von Selbstfürsorge? Ja, denn ich mag mich genug, um meine Zeit und Energie zu schützen. Und das bedeutet, nicht ständig für alle anderen verfügbar zu sein.

Es ist eine Balance zwischen dem Verständnis, dass ich ein Mensch mit eigenen Bedürfnissen bin, und der Erkenntnis, dass ich mit einem *Nein* den Raum schaffe, in dem mein *Ja* erst richtig glänzen kann. Es bedeutet nicht, dass ich weniger nett oder großzügig sein möchte, sondern einfach nur vorausschauend.

Es gibt sicher Momente, in denen ich den anderen die Gründe für mein Ablehnen mitteilen möchte. Aber nicht jedes Ablehnen ist eine Einladung zur Diskussion. Ich bin nicht verpflichtet, meinem Gegenüber stets zu erklären, warum ich meine Zeit oder Energie nicht investieren möchte. Die Entscheidung ist in erster Linie die meine und muss nicht immer von anderen verstanden werden. Schon gar nicht, wenn ich merke, dass die anderen Macht oder Kontrolle über mich ausüben wollen.

Nein bedeutet demnach Konsequenz und ist eine Form des Selbstschutzes. Es bedeutet, die eigenen Grenzen zu erkennen und zu wahren, ohne sich selbst zu überfordern oder auszubeuten, denn ständiges Ja-Sagen kann zur Überforderung führen. Ein gesundes *Nein* ist eine präventive Maßnahme gegen mentale und körperliche Erschöpfung. Es signalisiert, dass die eigene Zeit und Energie nicht unbegrenzt sind.

Was dir in diesem Kontext und als beruhigendes Hintergrundwissen noch helfen könnte, wenn andere mit deiner Haltung nicht einverstanden sind oder du mit deinen gezogenen Konsequenzen konfrontiert wirst, sind folgende Leitplanken:

Du brauchst keinen Grund, um zu gehen, wenn du keinen Grund hast, zu bleiben

Das Leben ist zu kurz, um an Dingen festzuhalten, die einen nicht mehr erfüllen. Es ist okay, zu gehen, wenn man keinen guten Grund mehr hat, zu bleiben. Wenn ein Ort, ein Job, ein Hobby oder eine Beziehung einem nicht mehr gut tut. Es geht nicht darum, einen dramatischen Anlass zu haben oder den perfekten Zeitpunkt zu finden. Manchmal reicht es, zu wissen, dass man nicht mehr bleiben möchte. Das ist vollkommen in Ordnung.

Du wirst kritisiert? Denke daran, man greift nur denjenigen an, der den Ball hat

Kritik ist oft der Beweis, dass du etwas bewegst. Wer sich nichts vornimmt und einfach im Schatten bleibt, wird nicht kritisiert. Doch wer in Bewegung ist, der wird auch angegriffen. Kritik ist ein Zeichen von Aufmerksamkeit. Du musst dich nicht vor Kritik verstecken. Sie ist der Preis, den du für deinen Mut zahlst, sich zu positionieren. Schau dir erfolgreiche Menschen an. Sie werden ständig kritisiert. Und das aus einem einfachen Grund: Wer Dinge gestaltet, wird hinterfragt. Kritik zeigt, dass du im Spiel bist. Also, lass sie kommen. Wer nichts tut, wird nie im Blickfeld stehen.

Viele Dinge, um die du dich sorgst, werden nie geschehen

Stress und Sorgen sind die ständigen Begleiter der meisten Menschen. Aber die Wahrheit ist: Viele Dinge, um die wir uns sorgen, passieren nie. Die meisten dieser Katastrophen sind nur Szenarien in unserem Kopf. Sorgen sind die mentalen Monster, die in unserer Vorstellung leben, aber selten in der Realität. Es ist an der Zeit, sich weiter von diesem lähmenden Gedankenkarussell zu entfernen. Ganz schaffen wird man es wohl nie. Aber auf ein gehöriges Maß zurechtstutzen, das geht. Unbegründete Sorgen sind die lautesten Lügner im Kopf.

Eine kleine Anleitung für wertschätzendes Ablehnen

1. Sei klar in deiner Haltung

Bevor du etwas ablehnst, ist es wichtig, deine Gründe selbst möglichst klar zu verstehen. Überlege dir, warum du die Anfrage ablehnen möchtest. Geht es um fehlende Zeit, Energie oder passt es einfach nicht zu deinen Prioritäten? Klarheit über deine eigenen Bedürfnisse hilft dir, deine Entscheidung zu begründen, wenn du sie begründen musst oder willst.

- **Beispiel I:** *„Ich habe derzeit zu viel auf dem Tisch und möchte sicherstellen, dass ich meine anderen Aufgaben ordentlich abschließe."*

- **Beispiel II:** *„Ich kann dir leider nicht helfen, weil ich aktuell schon sehr viele Verpflichtungen habe."*

Vermeide Formulierungen wie: *„Eigentlich würde ich ja gerne, aber…"*, dies schwächt deine Position unnötig.

2. Achte auf deinen Tonfall und deine Körpersprache

Eine wertschätzende Ablehnung sollte ruhig und bestimmt ausgesprochen werden. Deine Körpersprache sollte deine Worte unterstützen. Ein entspannter, aber fester Ton ohne Aggression oder Schuldgefühle vermittelt Klarheit. Ein Lächeln oder eine entspannte Körperhaltung können helfen, den Ton positiv und freundlich zu gestalten, während du gleichzeitig deine Entscheidung mitteilst.

3. Höre aktiv zu

Bevor du ablehnst, höre dem Gesprächspartner zu, um zu verstehen, was genau er oder sie sich wünscht. Zeige Empathie, indem du ihre/ seine Wünsche oder Anliegen anerkennst.

- **Beispiel:** *„Ich verstehe, dass dir das wichtig ist und dass du Unterstützung brauchst…"*

4. Biete eine alternative Lösung an (falls möglich)

Manchmal kannst du trotzdem eine kleine Unterstützung anbieten, auch wenn du die Anfrage insgesamt ablehnen musst. Vielleicht kannst du einen anderen Weg aufzeigen oder eine andere Person empfehlen, die helfen könnte.

- **Beispiel:** *„Ich kann dir zwar nicht bei diesem Projekt helfen, aber vielleicht kann dir Pia weiterhelfen, sie hat gute Erfahrungen und Expertise darin."*

5. Achte auf deinen inneren Frieden

Wenn du dich unsicher oder unwohl fühlst, denke daran, dass du deine Ablehnung oder Absage aus einer gesunden Entscheidung heraus triffst. Dies hilft dir, dich innerlich zu beruhigen. Es ist dein gutes Recht, deine eigenen Bedürfnisse zu priorisieren.

 # Nein -
ein wunderbares Wort!

-Ein „NEIN" braucht nicht immer eine
 Rechtfertigung oder eine Erklärung

-Du brauchst keinen Grund um zu gehen,
 wenn Du keinen Grund hast, zu bleiben

-Du wirst kritisiert? Gut so, denn man
 greift nur denjenigen an, der den Ball
 hat

-Viele Dinge, um die Du Dich sorgst,
 werden nie geschehen

-Ein NEIN zu anderen ist ein JA zu sich
 selbst. Schon Oma wusste: Man kann es
 nie allen recht machen!

Negative Glaubenssätze - deine unsichtbaren Fesseln

Manche Leute sammeln Briefmarken, andere sammeln Glaubenssätze. Und während das eine Hobby harmlose Alben füllt, macht das andere dein Leben im negativen Falle enger und schwerer. Warum? Weil viele dieser Glaubenssätze heimlich in deinem Kopf sitzen und dafür sorgen, dass du immer auf der Stelle trampelst, oder noch schlimmer, dich selbst sabotierst. Doch bevor wir uns ein paar klassischen Glaubenssätzen widmen, schauen wir uns an, wie man damit umgehen kann:

Das Pflaster abreißen und was das mit der Wahrheit zu tun hat

Vielleicht hast du schon mal gehört, dass Veränderung und Entwicklung erst bei dem Verlassen der sogenannten Komfortzone entsteht. Klingt toll in der Theorie, fühlt sich in der Praxis aber oft an wie der Tanz über sein eigenes emotionales Minenfeld. In vielen Gesprächen begegnen uns Glaubenssätze und viele davon sind so tief *im System* verankert, dass sie wie die Wahrheit erscheinen. Da kommt dann so etwas wie:

- *„Ich muss immer alles richtig machen!"*
- *„Ich darf andere nicht enttäuschen!"*
- *„Wenn ich genug arbeite, werde ich irgendwann glücklich!"*
- *„Ich darf nicht trödeln!"*

Und du merkst vielleicht selbst, dass dir diese Sätze nicht wirklich helfen. Hier kommt der radikale Moment: Du kannst, du darfst sie hinterfragen! Nicht vorsichtig drum herumtanzen. Nein, Pflaster abreißen. Aua. Das bedeutet, du konfrontierst dich selbst mit diesen angenommen, altbekannten Wahrheiten, die vielleicht irgendwann einmal ihre Berechtigung hatten, dich aber jetzt nicht (mehr) weiterbringen.

Nun folgen zwei mögliche Reaktionen:

1. Der Autsch-Moment

Du erkennst, dass der Glaubenssatz dich in die Irre führt, und nimmst den Schmerz als Teil des Prozesses zur Veränderung an. Nach dem ersten Schock spürst du vielleicht bald eine Erleichterung, neue Energie und Klarheit. Danach geht's oft viel schneller und erfolgreicher weiter.

2. Die Flucht in die gute alte Komfortzone

Vielleicht sagst du aber auch *„Das ist mir zu hart."* Und klebst das Pflaster sorgsam wieder drauf, schiebst die unangenehme Erkenntnis in den Schrank und bleibst in deiner alten Welt. Und manchmal ist derjenige, der dich darauf gestoßen hat, dann eben der Bösewicht, der deine Ruhe nicht weiter stören soll.

Achtung Tarnung! Drei Beispiele für Glaubenssätze, die in Wahrheit bloß hinderlich sind:

1. Du bekommst alles, wenn du es nur willst!

Das ist vermutlich der Glaubenssatz, der sich aktuell am hartnäckigsten hält, dank Social Media, Motivationsgurus und deren dutzenden Erfolgsgeheimnissen. Hier die Wahrheit: Wollen allein reicht nicht. Erfolg ist kein Wunschkonzert auf Knopfdruck, hat einen ziemlich langen Anlauf, bleibt beschwerlich und versteckt sich oft im unscheinbaren Alltag, nicht in der großen Hollywood-Kulisse.

2. Du bist etwas ganz Besonderes!

Ja, das hat Mama gesagt. Und ja, sie meinte es gut. Aber die Realität sieht anders aus: Niemand sitzt da draußen und wartet auf deinen großen Auftritt. Niemand plant, dir die Bühne zu geben, die du verdienst. Das Problem: Wir überschätzen, wie sehr andere Menschen uns wahrnehmen (Stichwort Rampenlichteffekt). Die Wahrheit? Die meisten Leute sind so mit sich selbst beschäftigt, dass sie gar nicht registrieren, was du machst (oder nicht machst). Niemand wird dir die perfekte Bühne bauen. Das ist deine Aufgabe.

3. Du verdienst es, ernst genommen zu werden!

Klar, das wollen wir alle. Aber die Realität ist: Respekt wird nicht automatisch verteilt. Er wird eben verdient. Und das bedeutet, Verantwortung für dich und dein Leben zu übernehmen. Willst du ernst genommen werden, während du noch in der *Pension Mama* wohnst, dich durch den Alltag jammerst oder ständig die Schuld bei anderen suchst? So läuft das nicht. Respekt beginnt bei dir selbst. Übernimm Verantwortung, steh für deine Werte ein, und hör auf, darauf zu warten, dass andere dich retten.

Warum es so schwer ist, Glaubenssätze zu ändern

Warum klammern wir uns so hartnäckig an unsere alten Überzeugungen? Ganz einfach: Sie sind bequem. Sie geben uns ein Gefühl von Sicherheit, sind uns lieb vertraut, selbst wenn sie uns schaden. Aber hier die gute Nachricht: Glaubenssätze sind nicht in Stein gemeißelt.

Tipps, um mit Glaubenssätzen umzugehen:

Schreib sie auf!

Identifiziere einen Glaubenssatz, der dich stresst, und notiere ihn. Zum Beispiel: *„Ich darf keine Fehler machen"*. Du bekommst es nicht allein hin? Kein Problem. Frage Menschen, denen du wirklich vertraust oder einen professionellen Glaubenssatz-Entlarver wie seriöse Coaches. Oftmals stehen deine Glaubenssätze dann ziemlich schnell auf dem Flipchart.

Stelle kritische Fragen!

Ist das wirklich wahr? Finde Beweise! Woher kommt dieser Satz? Krame doch mal in deinen Erinnerungen: Was hatte Papa damals immer nach einer schlechten Note oder miesen Sportleistung zu dir gesagt? *„Streng dich mehr an!"* oder *„Ohne Fleiß kein Preis!"* Na, klingelt da etwas...?

Was wäre, wenn das Gegenteil wahr ist?

Überlege dir Situationen, in denen der Glaubenssatz nicht gestimmt hat. Vielleicht hast du mal einen Fehler gemacht und trotzdem Anerkennung bekommen. Statt *„Ich darf keine Fehler machen"* könntest du es damit versuchen: *„Missgeschicke machen mich stärker, ich lerne daraus."* Außerdem können Missgeschicke auch menschlicher wirken als die perfekte Kulisse. Wenn bei uns zu Hause früher am Sonntag jemand als Erstes auf die makellos weiße Tischdecke mit Bratensoße kleckerte, sagte meine Oma immer: *„Gott sei Dank, nun ist der Druck weg!"* und schmunzelte dabei.

Glaubenssätze sind keine Wahrheiten, sondern lediglich Geschichten, die du dir selbst erzählst. Sie werden stärker, je öfter du sie wiederholst. Manche helfen dir, andere halten dich zurück. Du kannst wählen, welche Geschichten du weiter schreibst und welche du besser umschreibst.

Und denk daran: Veränderung tut weh, aber Stillstand tut irgendwann noch mehr weh. Also, runter mit dem Pflaster.

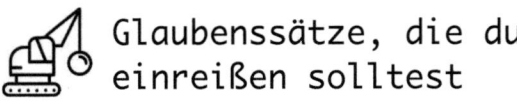

Glaubenssätze, die du einreißen solltest

Ich bekomme alles, wenn ich es nur will!
Nope. Selten bekommt man Geschenke im
Leben. Die Zufriedenheit versteckt sich
vielmehr im alltäglichen Schaffen und hat
mit Arbeit zu tun (klingt blöd, ich weiß…)

Ich bin etwas ganz besonderes!
In unserem Kopf sind wir alle Superstars -
der altbekannte Rampenlichteffekt. Die
Wahrheit ist: Du bist keine Ausnahme,
niemand kümmert es wirklich, was du in
deinem Leben so anstellst. Das kann sehr
befreiend sein, aber: Warte dann nicht
ständig auf deinen „Entdecker"!

Ich verdiene es, ernst genommen zu werden!
Ernsthaft: Dann verhalte dich auch so.
Übernehme Verantwortung für dein Leben. Das
gelingt aber selten mit Vollkasko-
Mentalität, „Pension Mama" oder
Plüschohren-Headset.

GLAUBENSSÄTZE II: DEINE INNE-REN INFLUENCER

Enttarne deine inneren Influencer

Weil Glitzer-Glaubenssätze gerade in Zeiten von digitalem Bling-Bling so mächtig und so wirksam erscheinen, hier noch einmal ein kleiner Aufräumer dazu.

Gewisse Kanäle auf Social Media und Karriere-Netzwerken wollen dir ständig weismachen, dass Erfolg nur einen guten Post, ein bisschen Grind und einen Matcha-Latte entfernt ist. Da kommt man leicht unter die Räder, denn die Realität ist (wie wir alle eigentlich wissen), natürlich komplexer, widersprüchlicher und manchmal auch ziemlich ernüchternd. Darin liegt aber auch die Chance, ehrlicher und effektiver zu leben, ohne die Belastung billiger Glaubenssätze, die uns in den falschen Film schicken.

Hier kommen ein paar Klassiker und warum es Zeit ist, sie auf den Prüfstand zu stellen.

1. Failed-Glaubenssatz: Wenn ich etwas gut mache, stellt sich schnell der Erfolg ein!

Die Wahrheit: Wenn du etwas gut machst, dauert es in der Regel trotzdem ziemlich lange, bis sich Erfolg einstellt.

Dieser Glaubenssatz ist wie Fast-Food: Schnell, verführerisch und oft ein Grund für den Frust danach. Die Realität: Erfolg ist weniger wie ein Toast, mehr wie ein Sauerteigbrot. Es braucht Zeit, Geduld und auch eine gewisse Bereitschaft, Rückschläge zu verkraften.

Warum dieser Glaubenssatz problematisch ist:

Er fördert Ungeduld und den Drang nach sofortiger Belohnung. Wenn die nicht kommt, zweifelst du an dir selbst, obwohl du eigentlich auf dem richtigen Weg bist.

Die harte Wahrheit:

Auch die Besten brauchen Jahre, um ihre Arbeit sichtbar zu machen. Das liegt nicht daran, dass sie nicht gut genug sind, sondern daran, dass Erfolg ein Zusammenspiel vieler Faktoren ist: Fleiß, Timing, Netzwerke, Beharrlichkeit und manchmal auch einfach ein bisschen Glück. Wer die Biografien von großen Künstlern oder Musikern liest, weiß was gemeint ist.

Tipp:

Versteh deinen Weg wie einen Marathon, nicht wie einen Sprint. Feiere kleine Fortschritte und hör auf, Erfolg nur in Zahlen zu messen. Manchmal liegt Erfolg darin, besser zu werden, nicht berühmter oder reicher.

2. Failed-Glaubenssatz: Ich bin wichtig, wenn ich immer viel zu tun habe und sehr busy bin!

Meine Gegenthese: Wuselige Geschäftigkeit ist oft nur ein Stress-Symptom, echte Produktivität sieht anders aus.

Du kennst sie, die Menschen, die mit fliegenden Papieren, tiefen Seufzern und dramatischen Storys durch die Gegend laufen. Das Problem? Eine zu hohe Schlagzahl sieht auf den ersten Blick beeindruckend aus, ist aber oft nur ein Hinweis darauf, dass jemand beginnt, die Kontrolle zu verlieren. Synonyme wie hektisches Herumwuseln, Aktionismus oder Hamsterrad-Modus bringen es auf den Punkt: Du tust viel, aber wenig davon bringt dich wirklich voran. Diese Arten von Aktivität sind ein Maskenspiel, welches Wichtigkeit vortäuschen soll, während echter Fokus durch Überlegung entsteht.

Die harte Wahrheit:

Die wirklich erfolgreichen Menschen wirken oft fast langweilig. Sie sind organisiert, priorisieren das Wichtige und lassen das Unwichtige liegen. Sie rennen nicht mit 20 offenen Tabs im Kopf durch die Gegend, sondern arbeiten konzentriert an einer Sache nach der anderen.

Tipp:

Nimm dir regelmäßig Zeit, um zu reflektieren: Arbeite ich an dem, was wirklich zählt? Oder bin ich nur beschäftigt, weil ich Angst habe, stillzustehen? Produktivität bedeutet, Ergebnisse zu schaffen und nicht Chaos zu verbreiten.

3. Failed-Glaubenssatz: Ich suche immer nach dem tieferen Sinn!

Die Wahrheit: Manchmal gibt es einfach keinen tieferen Sinn. Du kannst nichts finden, wo nichts ist. Und das ist okay. Es klingt romantisch, die tiefe Wahrheit hinter allem zu suchen, aber es kann auch dazu führen, dass du dich in einem Labyrinth aus Zweifeln und Überforderung verlierst. Was, wenn die Antwort lautet: *Es gibt nichts zu finden?*

Warum dieser Glaubenssatz problematisch ist:

Wenn du ständig nach einem tieferen Sinn suchst, verpasst du oft die Schönheit des Einfachen und läufst Gefahr, den Moment überzuinterpretieren. Nichts ist nerviger, als der ewig analysierende Fachmann, der jeder Note in einem Song, jeder Farbe auf einem Gemälde und jeder Bewegung im Tanz einen besonderen Aspekt zuordnen will. Genieße doch einfach mal das Gesamtbild. Alles analysieren zu wollen heißt, dass du dich von Dingen abgrenzt, statt sich mit ihnen zu verbinden.

Die harte Wahrheit:

Der Sinn des Lebens ist nicht immer ein verborgenes Mysterium. Oft ist er einfach nur das Leben selbst. Hier sein, Dinge tun, Beziehungen pflegen. Manchmal reicht das völlig.

Tipp:

Frag dich: „*Was kann ich heute tun?*" Mach die Dinge, die vor dir liegen mit Hingabe, und der Sinn stellt sich oft von selbst ein.

 **„Wieso sind andere stets erfolgreicher als ich?"**

Nope, sind sie nicht. Falle nicht auf folgende Glaubenssätze herein:

- „Wenn ich Talent habe, stellt sich sofort der Erfolg ein!" - Wenn du etwas gut machst, dauert es trotzdem recht lange, bis du Aufmerksamkeit erzielst

- „Ich bin busy, also wichtig!" - Vielleicht doch eher unproduktiv und im Stress? Wer tatsächlich viel zu tun hat, ist konzentriert, fokussiert und hat keine Zeit für „Schaulaufen"

- „Ich bin immer so tiefsinnig!" - Manchmal gilt: Du kannst nichts finden wo nichts ist. Vielleicht besteht der Sinn dann einfach nur darin, hier zu sein und das zu tun was erledigt werden muss

Improvisation, das klingt oft nach *einfach mal machen* oder nach *Spontan ohne Plan*. Doch in Wirklichkeit hat Improvisation wenig mit Beliebigkeit oder Chaos zu tun. Im Gegenteil: Sie verlangt uns eine Mischung aus Freiheit und fundiertem Können ab. Denn Improvisieren ist nicht gleichbedeutend mit *einfach drauflos*, sondern vielmehr das Kunststück, in einem Moment der Unvorhersehbarkeit souverän zu reagieren. Und das mit einem fundierten Verständnis für das, was du tust, und was dein Gegenüber braucht.

Stellen wir uns einen talentierten Jazzmusiker vor. Wenn er plötzlich in einem Solo die Melodie ändert, das Tempo wechselt oder unerwartete Töne einfließen lässt, wirkt es auf die Zuhörer wie Magie. Doch diese scheinbare Freiheit ist das Ergebnis jahrelanger Übung. Der Musiker kennt sein Handwerk so gut, dass er es blind beherrscht. Er ist so sicher in den Regeln, dass er sie in der Improvisation mit Leichtigkeit brechen kann. Ohne das Fundament aus Wissen und Technik würde diese Spontanität klingen wie das schiefe Konzert eines unerfahrenen Neulings.

Das Gleiche gilt für die Improvisation in Gesprächen oder Vorträgen. Du kannst dich in unerwartete Situationen stürzen, aber um sie mit Bravour zu meistern, brauchst du mehr als nur einen freien Geist, du brauchst Fertigkeiten. Ein Beispiel dafür sind die Poetry-Slammer: Sie bauen ihre Texte aus einer tiefen Kenntnis der Grammatik, Betonung, Rhythmus und des

Wortschatzes auf, um dann mit der Sprache zu spielen, sie zu dehnen und zu biegen. Sie kennen die Regeln des Sprechens so gut, dass sie sie mit Leichtigkeit umbauen können, um auf der Bühne zu glänzen.

Und was ist mit uns, den Normalos? Auch wir müssen alle im Alltag improvisieren. Manchmal steht plötzlich ein Meeting an, für das du dich nicht vorbereitet hast. Oder es taucht eine unerwartete Situation auf, in der du eine Entscheidung treffen musst, ohne alle Informationen zu haben. Wie damit umgehen? Der Schlüssel liegt darin, die Grundsätze deiner Fähigkeiten zu kennen, egal, ob es um Kommunikation, Organisation oder Zeitmanagement geht. Indem du diese Dinge regelmäßig übst und dich mit ihnen vertraut machst, kannst du flexibel und sicher reagieren, wenn das Leben mal wieder seine eigenen Soli spielt.

Und dann gibt es noch die rein beseelte Improvisation im Leben: Der Moment, in dem du einfach loslässt, den Plan über Bord wirfst und den Augenblick fühlst. Das ist der Punkt, an dem du den Raum für Kreativität öffnest. Auch im Kleinen. Vielleicht bedeutet das lediglich, einen Spaziergang zu machen, obwohl du eigentlich arbeiten solltest, oder in einem Gespräch einen völlig unerforschten Gedanken zu äußern, weil du im Moment ganz bei dir bist.

Improvisation im Leben ist also nicht das Gegenteil von Struktur, sondern das Können derjenigen, die ihre Werkzeuge und Fähigkeiten so gut beherrschen, dass sie mit ihnen in jedem Moment Freiheit finden. Das Gute daran: Improvisationen bringen uns oft in einen Flow, in denen Dinge wie von selbst gelingen.

Also, übe! Nicht nur deine Fähigkeiten, sondern auch das Vertrauen in den Moment. Denn je mehr du übst, desto freier kannst du improvisieren und bist vielleicht beim nächsten spontanen Auftritt des Lebens derjenige, der mit einem schiefen Akkord den ganzen Raum verzaubert.

„Denk´ an ein Piano. Die Klaviatur fängt an und endet. Sie hat 88 Tasten und niemand kann dir etwas anderes erzählen. Sie ist nicht unendlich. Du bist unendlich.
Und auf diesen Tasten kannst du Musik machen, und die ist unendlich. Das gefällt mir! Damit kann ich umgehen!"

(aus dem Film: Die Legende vom Ozeanpianisten)

Improvisation - die Kunst, gut vorbereitet zu sein

- Improvisieren bedeutet nicht Beliebigkeit, Halbfertig oder Regellosigkeit

- Du brauchst verlässliche Fähigkeiten um unerwartete Situationen souverän zu meistern

- Übe, im Moment frei zu sein

- Du hast ein „Fundament" im Hinterkopf - Free Jazzer nutzen ihre Noten und Tonleitern, Poetry Slammer die Grammatik und ihren Wortschatz

Wer kennt das nicht? Du triffst jemanden und die erste Frage lautet oft: *„Na, wie geht's?"* Die Antwort? *„Super, danke!"* Und weiter geht's. Klar, das ist der Klassiker, der Konversations-Knigge, der sich über die Jahre eingebrannt hat. Aber ist das wirklich die ganze Wahrheit? Müssen wir wirklich immer gut drauf sein, um in der Gesellschaft funktionieren zu können?

Gut drauf sein klingt nach einer soliden Lebensstrategie, wie eine Tasse Kaffee am Morgen. Wir brauchen es, um in die Gänge zu kommen. Doch was passiert, wenn wir 365 Tage im Jahr diesen Dauerlauf der guten Laune aufrechterhalten? Es ist ein bisschen wie der Versuch, jeden Tag Vollgas zu geben und sich dabei zu wundern, warum der Tank irgendwann leer ist. Es strengt an, immerzu die beste Version seiner selbst zu zeigen, und das über Jahre hinweg.

Mal schlecht drauf zu sein und einfach mal durchatmen

Lass uns ehrlich sein: Es gibt Phasen, in denen wir uns einfach nicht gut drauf fühlen. Und das ist völlig okay. Wer kennt nicht diese Tage, an denen der Kaffee einfach nicht hilft und der Himmel auch nicht blauer wird, egal wie sehr man sich bemüht? Diese Momente sind weder ein Zeichen von Schwäche noch eine Einladung zum Jammern, sondern ein Teil unseres Lebens - und gehen auch meist von allein wieder.

Und in Krisenzeiten, die länger dauern? Es ist es völlig normal, dann nicht gut drauf zu sein. Klingt trivial, ich weiß... tatsächlich ist es aber ein ziemlich komplexer Reflex unseres Körpers und Geistes, uns spürbar darauf hinzuweisen, dass etwas in unserem Leben aus dem Gleichgewicht geraten ist. Statt die Krise zu ignorieren oder sie nur als etwas Schlechtes zu betrachten, sollten wir sie daher zur Selbstreflexion nutzen.

Vielleicht sind es gerade diese schlechten Tage, die uns am meisten über unsere wahren Bedürfnisse verraten. Wenn wir uns in Gesprächen mit der Frage auseinandersetzen: *„Warum geht's dir gerade nicht gut?"*, kann vorsichtig freigelegt werden, was der Gegenüber eigentlich braucht: Vielleicht mehr Zeit für sich selbst, Ruhe, eine Veränderung, oder vielleicht einfach ein wenig mehr Aufmerksamkeit.

Toxic Positivity: Wenn *Gut drauf* zur Belastung wird

Die ständige *Gut drauf*-Fassade kann zur Bedrohung unseres inneren Gleichgewichts werden. Hier kommt der Begriff *Toxic Positivity* ins Spiel. Er beschreibt eine Haltung, bei der nur positive Emotionen als akzeptabel gelten und alles Negative als No-Go abgetan wird. In solchen Fällen drängt die Gesellschaft uns dazu, immer gut drauf zu sein, selbst wenn wir innerlich auf *Not-Aus* stehen.

Das Problem: Die unglücklichen, unangenehmen Gefühle werden dabei unter den Teppich gekehrt. Die permanente Positivitäts-Show blendet ggf. tiefere, strukturelle Probleme aus. Solche Dinge verschwinden nicht, nur weil wir uns immer wieder selbst zurufen *„Sei doch einfach mal gut drauf!"*

Warum sich Hilfe holen die größte Stärke ist

Es gibt tatsächlich nichts Stärkeres, als zuzugeben, dass man Hilfe braucht. Ja, richtig gehört. Anstatt sich weiter in der Rolle des Immer-Sonnenschein-Menschen zu verkrampfen, ist es viel kraftvoller, ehrlich zu sich selbst zu sein und zu sagen: *„Ich komme hier gerade nicht weiter."* In solchen Momenten zeigt sich wahre Stärke. Denn es braucht eine Menge Mut, zuzugeben, dass man nicht immer der toughe, fröhliche Mensch sein kann, der man vielleicht gerne sein möchte. Hilfe zu suchen ist kein Zeichen von Schwäche, sondern von Selbstfürsorge.

 # Heiter bis wolkig

- ***„Ich muss immer gut drauf sein!"*** Ein fragwürdiger Glaubenssatz!

- „Toxic Positivity" belastet, denn wo bleiben meine unglücklichen Gefühle?

- Ständiges „gut drauf sein" blendet ggf. strukturelle Probleme aus

- Ein Tief zu durchstreifen kann ein wichtiger Hinweisgeber in Bezug auf meine Wünsche und Anstoßgeber für sinnvolle Veränderungen sein

Gefühlter Stau im Leben?

Warum du vermutlich längst in Bewegung bist, auch wenn's sich nicht so anfühlt.

Es gibt Momente, die sich anfühlen, als würde man auf der Autobahn des Lebens im Leerlauf hängen. Alle anderen rauschen auf der Überholspur vorbei (natürlich mühelos und selbstsicher) und du sitzt da, schaut aus dem Fenster und fragst dich: Warum schon wieder Standstreifen? Erst einmal tief durchatmen. Der Stau, den du spürst, ist vielleicht keiner. Möglicherweise bist du längst in Bewegung, aber halt nicht mit Tempo 180, sondern im Tempo *Sonntagsfahrt*. Das ist in Ordnung.

Das Problem mit unseren Erwartungen ans Leben: Wir überfordern und unterschätzen uns oft gleichzeitig. Wir leben in einer Welt, in der man uns ständig verspricht, dass wir *Alles* in einem Jahr erreichen können. Fitness-Transformation? Einfach! Karriere-Aufstieg? Klar doch! Inneres Glück? Na sicher, hier kommt es. Und dann kommt die Realität. Veränderung ist aber kein schneller Energydrink, welchen man nur schlucken muss. Rücken wir unsere Wahrnehmung einmal zurecht, um zu erkennen, dass ein Jahr oft zu kurz für unsere Entwicklungen, aber drei Jahre oder gar fünf Jahre ziemlich produktiv sein können. Überleg mal: Wo warst du vor fünf Jahren? Was warst du? Vielleicht hast du damals geglaubt, dass es ewig so weitergeht. Aber hier bist du. Mit Erfahrungen, neuen Einsichten, hoffentlich sogar mit ein paar neuen

Lachfalten. Diese Entwicklung verläuft immer noch, meist unbemerkt, und wir sehen es oft erst, wenn wir innehalten und zurückblicken.

Ein Blick auf das, was läuft: Deine Ressourcen als Superkräfte

Schauen wir mal genauer hin. Es gibt ein paar Dinge, die beweisen dass du schon weiter bist, als du glaubst:

Du bist neugierig. Du liest z.b. dieses Buch. Bestimmt auch andere. Du suchst nach Lösungen, statt dich in die Ecke einzurollen. Neugier ist wie ein innerer Kompass. Selbst wenn du gerade nicht weißt, wo es genau hingehen soll, zeigt er dir, dass du in Bewegung bist und nach jeder gelesenen Seite vielleicht auch etwas schlauer.

Mal ehrlich, viele von uns sind im Großen und Ganzen wirtschaftlich abgesichert. Du kannst dir eigentlich immer mal zwischendurch kleine Goodies leisten. Der Kaffee vom Lieblingsbäcker, das neue Shirt, das regelmäßige Streaming-Abo. Solche Dinge zeigen, dass du Ressourcen hast, der Genussmensch in dir zum Zuge kommt. Das ist nicht selbstverständlich, und doch kannst du es dir leisten.

Wie gesagt: Du bist nicht mehr dieselbe Person wie vor fünf Jahren. Veränderungen fühlen sich oft klein an. Aber was ist mit deinem Mindset? Deinen Prioritäten? Deinem Stil? Vielleicht hast du andere Prioritäten als damals. Vielleicht kannst du heute *Nein* sagen, wo du früher zögerlich warst. Vielleicht hat sich dein Geschmack oder deine Perspektive verändert. Auch die Erkenntnis, dass du keine Lust mehr auf bestimmte Dinge hast, ist Fortschritt. Du wächst. Mal im Stillen, mal im lauten Trommelwirbel.

Du hast schon viele herausfordernde Phasen gemeistert. Erinnere dich an die Zeit, die dir damals unüberwindbar vorkam. Der bevorstehende Schulabschluss vielleicht oder die Seepferdchenprüfung? Hat alles seine Berechtigung, zu dir selbst zu sagen: *„Jau, das habe ich geschafft!"* Vielleicht auch ein Jobwechsel, eine schwierige Beziehung oder einfach eine Phase, in der alles schiefzugehen schien. Und doch hast du es gemeistert. Du bist erfahrener geworden, aber solche Erfolge gleiten leider oft an uns ab wie an einer Teflonschicht. Es ist Zeit, sich mal wieder daran zu erinnern.

Veränderung ist oft ein schleichender Prozess

…doch wir lieben schnelle Ergebnisse! Den Erfolg am Ende des Sprints, den Knopf, der plötzlich gedrückt wird und alles wird hell, den großen Karrieresprung. Was wir übersehen: Die vielen alltäglichen Schritte, die es braucht, um dorthin zu kommen. Also: Halte auch mal das Sonntagsfahrer-Tempo aus, insbesondere wenn dich Umstände dazu zwingen. Am Ende ist langsames Vorankommen oder gefühlter Stillstand oft nur eine Pause, und die gehört dazu.

 # Nichts geht voran?

**Gefühlter Stau im eigenen Leben?
Vielleicht hilft Dir folgendes:**

- Wir ÜBERSCHÄTZEN oft, was wir in einem Jahr schaffen können und UNTERSCHÄTZEN, was wir in fünf Jahren schaffen!

- Du bist nicht mehr dieselbe Person wie vor fünf Jahren. Du veränderst und entwickelt dich.

- Es gibt etwas, wofür du dich interessierst! Egal, ob es Kleinigkeiten sind oder die Achse um die sich die Welt dreht: Du bist neugierig, niemals Gleichgültig.

Herzlichen Glückwunsch, wenn in deinem Unternehmen alles immer super ist: Jedes Meeting ein Highlight, jede Mail ein Grund zum Jubeln, und dein Team feiert sich täglich als das Beste der Welt. Klingt nach einem Traum. Vielleicht aber auch nach einem Albtraum im Glitzerlook. Denn nicht selten verbirgt sich hinter der Fassade von übertriebenem Lob und ständiger positiver Energie ein tieferliegendes Problem namens subtiler Bevormundung.

In einer Welt, die ständig nach positiver Energie und gutem Teamspirit strebt, kann es schwierig sein, zu unterscheiden, ob es sich um echte Begeisterung oder um eine Manipulationstechnik handelt. Happy Cheering und Love Bombing sind keine neuen Phänomene mehr, sie sind in vielen Unternehmen zum Standard, zur erzwungenen Gute-Laune-Pflicht geworden.

Hier kommt eine Checkliste, die dir hilft, Wachsamkeit dafür zu entwickeln:

1. Selbstverständlichkeiten wie Heldentaten feiern

„Leute, wir haben es geschafft: Der Drucker funktioniert wieder!" Wenn du das Gefühl hast, dass solche Trivialitäten wie immense Heldentaten gefeiert werden, ist das ein Warnsignal. In einem gesunden Arbeitsumfeld sollten grundlegende Abläufe keine besonderen Erfolge darstellen. Dauerhafte Übertreibung und die ständige Feier von Banalitäten können ein Mittel sein, um vom eigentlichen Dilemma z.B. des un-

produktiven Stillstands abzulenken. Auch wenn jeder ein wenig Anerkennung verdient, könnte diese Art der Euphorie in Wahrheit als Taktik dienen, um kritische Themen zu verschleiern.

2. Meetings, die wie Comedy klingen, der Arbeitsalltag aber das Gegenteil ist

Hast du schon mal ein Meeting erlebt, bei dem jede zweite Folie mit Fun Facts aufgelockert wurde, während du hinterher das Gefühl hattest, dass die eigentliche Arbeit oder drängende Probleme viel zu kurz gekommen sind? Wenn die Feel-Good-Kultur nur in PowerPoint-Präsentationen und Marketing-Denglisch lebt, aber im Büro selbst Stille, Frust oder Überforderung herrschen, stimmt etwas nicht. Diese Diskrepanz zwischen Show und Realität ist ein klares Zeichen dafür.

3. Dein Privatleben wird immer weniger privat

Auch bei dir gibts Campus-Kultur, Firmen-Yoga, After-Work-Partys und stetige Fürsorge-Chats? Klingt nach einem aufmerksamen Arbeitgeber, und ist definitiv lobenswert. Es gibt aber eine Grenze zwischen einem freundschaftlichen Arbeitsumfeld und der allumfassenden Ersetzung deines Privatlebens. Wenn du das Gefühl hast, dass deine Freizeit plötzlich zu einer Verlängerung des Arbeitstags wird, man dich in die Unternehmenskultur *integrieren* will und dein privates Denken und Verhalten ständig dadurch beeinflusst wird, solltest du einen Schritt zurücktreten. Die ständige Erreichbarkeit und die Erwartung, dass du dich immer mehr in die Teamdynamik einfügst, kann deine persönlichen Grenzen überschreiten.

4. Liebesbeweise, die an Bedingungen geknüpft sind

Wenn Lob und Anerkennung nur dann gegeben werden, wenn du die Erwartungen deines Unternehmens zu 150 % übererfüllst, könnte es sich um eine manipulative Kultur handeln. In solchen Systemen wird Anerkennung als Währung verwendet, um dein Verhalten zu steuern. Sobald du von der Norm abweichst oder deine Bedürfnisse kommunizierst, gar Kritik übst, kann diese Anerkennung plötzlich zurückgehalten werden. So entsteht eine Kultur, die auf Belohnung und Bestrafung basiert und schleichend deine Selbstwahrnehmung und Motivation demontiert.

5. Emotionale Konditionierung

„Das ist hier sind unsere heiligen Unternehmensgrundsätze!"

Wenn dir ständig vermittelt wird, welche Regeln, Emotionen und Reaktionen im Unternehmen erwünscht sind, könnte es sein, dass du in einem Arbeitsumfeld bist, das nicht nur edle Grundsätze leben möchte, sondern versteckt dahinter Kontrolle als Unternehmenskultur verkauft. Das kann dazu führen, dass du das Gefühl bekommst, deine eigenen Bedürfnisse und Gefühle an die des Unternehmens anzupassen. Es wird nicht nur dein Arbeitsverhalten, sondern auch deine Person durch ungeschriebene Regeln und Vorschriften zu prägen versucht.

All diese Dinge können zu einer gefährlichen Kombination werden, wenn sie in Unternehmen auffallend übertrieben eingesetzt werden. Sie bieten manchmal eine perfekte Fassade, dahinter kann der Versuch der Manipulation lauern. Wenn du eines oder mehrere Anzeichen dafür erkennst, solltest du aufmerksam werden.

Herausfinden, ob es sich um eine echte, wertvolle und erlebenswerte Unternehmenskultur handelt oder um Fake-Rules, ist eine Herausforderung und braucht etwas Erfahrung.

Happy Cheering in Unternehmen

Pass auf dich auf, wenn…

- Selbstverständlichkeiten hochgelobt und
  ständig Superlative benutzt werden

- die „Gute Laune Kultur" z.B. in
  Meetings nichts mit dem gelebtem Alltag
  zu tun hat

- Versucht wird, dein Privatleben zu
  kapern (permanent verfügbar sein müssen
  etc.)

- du „Liebesbeweise" nur bei
  entsprechenden Verhalten bekommst

- du das Gefühl hast, emotional
  manipuliert oder konditioniert zu
  werden (Du „lernst" was toll zu sein
  hat und was nicht)

Konflikte sind oft wie Autounfälle. Ein missglücktes Überholmanöver, jemand übersieht die Vorfahrt und Rumms! Trümmerteile, lautes Hupen, und alle sind schockiert. Doch wie bei echten Unfällen entstehen Konflikte nicht aus dem Nichts. Die Weichen dafür wurden oft schon viel früher gestellt, z.B. durch Missverständnisse, Unachtsamkeiten oder mangelhafte Kommunikation. Und nun ist er da, der Konflikt.

Sachkonflikte: Wer hat hier recht?

Beginnen wir mit den einfachen Dingen des Lebens. Wenn die Frage ist, ob 1+1=2 oder 3 ist, können wir entspannt bleiben. Ein kurzer Blick ins Mathebuch, und das Thema ist durch. Niemand wird ernsthaft beleidigt sein, weil das Lehrbuch das bessere Argument hatte. Wäre das Leben doch immer so simpel.

Aber dann gibt es diese anderen Konflikte. Die, die dich nachts wach halten und die dir den nächsten Morgen ruinieren. Die Beziehungskonflikte. Privat oder im Job.

Wenn die Beziehungsebene mitschwingt

Hier wird es spannend. Denn bei Konflikten, die auf der Beziehungsebene brodeln, geht es nicht nur um das Gesagte, sondern oft eben um das Ungesagte. Gefühle, Erfahrungen oder alte Wunden, die tief vergraben liegen, geben oft den Ton an. Manchmal ahnst du nicht mal, dass du mitten auf dem Minenfeld anderer spazierst. Und plötzlich taucht der Höhlenmensch auf und schwingt die Keule! Willkommen im *psychologischen Nebel* (eine tolle Metapher von Vera Birkenbihl).

Kommunikation auf einem anderen Niveau ist dann nötig. Keine wütenden WhatsApp-Nachrichten im Affekt, kein passiv-aggressives Schweigen. Wenn hier die Kurve sauber genommen wird, können Konflikte tatsächlich sogar Beziehungen stärken. Hier eine kurze Analyse und dazu ein paar Erste-Hilfe-Tipps.

1. Am Anfang steht die Analyse: Chronifizierter Konflikt oder akuter Konflikt?

Der chronifizierte Konflikt
Das ist der unterschwellige, langwierige Konflikt, der sich in ständigem Kritisieren, Jammern und zynischen Kommentaren äußert. Oft wird auch in endlosen Meetings immer über dasselbe Problem gesprochen, ohne dass eine Lösung in Sicht ist. Es handelt sich um Konflikte, die in den alltäglichen Gesprächen und Verhaltensweisen der Menschen fortbestehen, ohne dass sie je vollständig angesprochen werden.

Chronische Konflikte sind schleichende Saboteure, sie sind die Stillen im Raum. Sie tragen Tarnanzüge, erscheinen oft in Form von sinnlosen Diskussionen oder unbegründeten Verzögerungen von Entscheidungen. Ihr Fokus liegt immer auf dem, was nicht geht. Sie lösen nicht gleich (oder nicht mehr) Wut aus, sondern auch Frust, Resignation oder Gleichgültigkeit.

Chronische Konflikte sind wie die kaputte Kaffeemaschine im Büro: Jeder meckert, keiner repariert sie. Und doch kippt man weiter mühsam Wasser nach, weil's ja irgendwie *noch geht*.

Tipp: Hier hilft die Archäologen-Haltung: Fragt euch als Beteiligte, was diese Umstände euch sagen wollen. Gibt's alte Baustellen, die endlich geklärt werden müssen? Oder werden hier einfach nur Stellvertreterkriege geführt? Und wenn ja, wofür stehen die ganzen Nicklichkeiten eigentlich stellvertretend?

Der akute Konflikt

Der akute Konflikt ist der Moment, in dem Feuer und Flamme die Situation dominieren. Hier fliegen die Fetzen, die Emotionen gehen hoch, und es wird klar: Gleich werden die verbalen Keulen geschwungen. Der Konflikt wird mit Wucht ausgetragen. Meine These: Dieser Konflikt ist oft schneller zu lösen als der chronifizierte Bruder, da alle Beteiligten klar Stellung beziehen, wenn auch nicht immer auf eine feine Art.

Beispiel: Eine hitzige Diskussion im Team, bei der jemand laut und emotional seine Meinung äußert und du sofort merkst: Das ist ein *Jetzt oder nie*-Moment.

Tipp: Wenn sich alle wie Höhlenmenschen aufführen, hilft nach dem ersten Abkühlen und Sammeln auch hier wieder das *Archäologenteam*, das die eigene Konflikthöhle untersucht. Was findet ihr da? Spannende Neuigkeiten oder alte Giftfässer? Aufklärung ist hier angesagt, das Offenlegen der Bedürfnisse aller Beteiligten und dann das gemeinsame Aufräumen der Höhle.

Halten wir fest: Es gibt verschiedene Arten von Konflikten. Die Explosiven und die Stillen, die Rasenden und die Schleichenden, die Akutfeuer und die Glutnester. Das Problem? Bei allen kann man sich die Finger verbrennen. Aber: Mit der richtigen Perspektive lässt sich sogar in verkohlten Überresten noch ein Funken Potenzial für eine friedvolle Zukunft finden.

2. Die goldenen Regeln für eine konfliktfreie Zone

Höflichkeit und Respekt

Du kannst nie falsch liegen, wenn du höflich bleibst. Klingt altmodisch, funktioniert aber. Wenn du dich fragst, ob dein Ton zu scharf ist...ist er es vermutlich.

- **Warum?** Konflikte entstehen, wenn Menschen sich missverstanden oder nicht ernst genommen fühlen. Ein respektvoller Umgang zeigt, dass du den anderen ernst nimmst, auch wenn ihr euch nicht einig seid.

- **Praktische Anwendung:** Achte darauf, den anderen nicht zu unterbrechen, deine Stimme ruhig zu halten und auf eine respektvolle Wortwahl zu achten.

Thema und Person trennen

Oft geht in Konflikten die Sachebene verloren, weil wir direkt die Person angreifen: *„Du bist faul!"* anstatt *„Die Aufgabe ist nicht rechtzeitig erledigt worden."* Der Trick ist, das Thema von der Person zu trennen. Rede über das Problem, nicht über den Menschen.

- **Warum?** Indem du das Thema und die Person trennst, greifst du nicht den Charakter oder Werte des anderen an. Dies hilft, die Diskussion sachlicher zu führen und das Gefühl der persönlichen Attacke zu vermeiden.

- **Praktische Anwendung:** Anstatt: *„Du bist immer so unzuverlässig!"* besser: *„Ich habe bemerkt, dass die Deadline gestern nicht eingehalten wurde. Das hat Auswirkungen auf das Projekt."*

Eigene Sichtweise und Gefühle beschreiben

Sag, was dich stört, ohne mit dem Finger auf andere zu zeigen. Statt *„Du nervst!"* lieber: *„Es stört mich, wenn ich ständig unterbrochen werde."* So bleibt das Gespräch auf Augenhöhe und eskaliert nicht.

- **Warum?** Wenn du deine Gefühle und Sichtweise klar kommunizierst, bleibe im Gespräch auf der Ich-Ebene, und es wird nicht in eine Anklage verwandelt.

- **Praktische Anwendung:** *„Ich fühle mich frustriert, weil ich das Gefühl habe, dass meine Leistung nicht beachtet wird, was unsere Zusammenarbeit erschwert."*

Ein Kompromiss, der beiden Seiten ein bisschen weh tut

Der perfekte Kompromiss ist wie ein gut gemachter Deal: Niemand bekommt 100 Prozent, aber alle können damit leben. Wenn beide Seiten ein kleines Opfer bringen, ist das oft ein Zeichen für einen fairen Ausgleich.

- **Warum?** Ein wahrer Kompromiss ist eine Win-Win-Situation, bei der keine Seite das Gefühl hat, sie habe vollständig verloren. Es bleibt niederlagenlos für beide Seiten.

- **Praktische Anwendung:** Sei bereit, eigene Positionen zu hinterfragen und mit einer Lösung zu leben, die nicht perfekt, aber akzeptabel ist für alle.

Was auf keinen Fall funktionieren wird

Konflikte zu lösen ist eine Kunst, aber es gibt auch todsichere Wege, die Sache zu verschlimmern.

Vermeiden und verdrängen: Wenn du Konflikte ignorierst, wachsen sie. Irgendwann explodiert es meistens, und das ist oft schlimmer als das ursprüngliche Problem.

- **Warum?** Ein ungelöster Konflikt bleibt nicht unsichtbar. Irgendwann wird er sich in Form von Frustration, Ressentiments oder passiv-aggressivem Verhalten äußern.

- **Praktische Anwendung:** Sprich die Problematik direkt an, bevor sie sich weiter aufbaut.

Schuldige suchen: *„Das ist alles DEINE Schuld!"* bringt nichts, außer ein zerstörtes Gespräch.

- **Warum?** Die Suche nach dem Schuldigen lenkt die Aufmerksamkeit weg von einer Lösung und verfestigt nur die Fronten. Außerdem trennt es nicht Thema und Person.

- **Praktische Anwendung:** Statt *„Wer hat hier Schuld?"* lieber fragen: *„Was können wir beide tun, um das Problem zu lösen?"*

Bloßstellen vor Dritten: Konflikte sind keine bösartige Reality-Show. Von denen gibt es eh schon zu viele.

- **Warum?** Konflikte gehören zwischen den beteiligten Personen besprochen, ggf. mit einem Mediator - aber nicht vor großem Publikum.

- **Praktische Anwendung:** Sprich dich mit der betroffenen Person aus, nicht hinter ihrem Rücken. Hole im Falle des Falles eine kompetente dritte Person dazu, die unparteiisch ist.

Zynismus und Sarkasmus: *„Na klar, du hast ja IMMER recht!"* mag sich gut anfühlen, ist aber Gift für jedes Gespräch.

- **Warum?** Zynismus ist eine der fiesesten Waffen in Konflikten. Wenn du nicht offen kommunizierst sondern bloß Phrasen drischst, ist das ein klares Zeichen, dass du dich aus der Verantwortung ziehst.

- **Praktische Anwendung:** Statt floskelhafter Sprüche, die nichts lösen, konzentriere dich auf konkrete Schritte und bleibe lösungsorientiert.

Tatsachen schaffen ohne Abstimmung: Wer in Konflikten den anderen übervorteilt, riskiert den nächsten großen Knall.

- **Warum?** Diese Methode untergräbt das Vertrauen und führt zu einer Verschärfung des Konflikts.

- **Praktische Anwendung:** Beziehe die andere Person aktiv in die Lösung ein und schätze ihre Meinung.

Denk bei Konflikten dran: Es geht nicht ums Gewinnen. Es geht darum, gemeinsam weiterzumachen, beispielsweise als Team ein gemeinsames Ziel zu erreichen. Dafür gibt es bekanntlich viele Wege, man sollte sich nur auf einen einigen.

Und weil das Thema so wichtig ist, gibt es dazu auch gleich mal zwei Flips.

Konfliktmerkmale in Beziehungen oder Teams

Akute Konflikte
- sind z.T. hochemotional und explosiv
- nehmen den ganzen Raum ein
- locken den „Höhlenmenschen" in uns raus
- treiben uns in den „psychologischen Nebel"
- sind manchmal reinigend, manchmal zerstörerisch

Schwelende Konflikte
- können Schläfer sein
- haben oft chronischen Charakter
- lösen unterschiedliche Emotionen aus
- haben oft „Stellvertreter" wie Zynismus
- zeigen sich durch Zeitfresser wie sinnlose Meetings, überflüssige Doku etc.
- haben den Fokus auf all das, was nicht geht

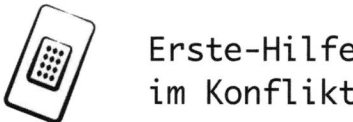

Erste-Hilfe
im Konflikt

Funktionieren wird:
- Höflichkeit und Respekt (immer!)
- Thema und Person bleiben getrennt
- Eigene Sichtweise, Auswirkungen und Gefühle klar benennen
- Ein Kompromiss, der beiden Seiten ein bisschen weh tut

Nicht funktionieren wird:
- Vermeidung oder Verdrängung
- Die Suche nach dem Schuldigen
- Bloßstellen vor Dritten, Seilschaften bilden
- Zynismus, Nichtkommunikation, Phrasendreschen
- Ohne Abstimmung Tatsachen schaffen

FREIHEIT · HIMMLISCHE LUFT IN ENGEN ZEITEN

Ein Mann, der trotz Ketten und dicker Mauern frei war, und den ich seinerzeit im Deutsch-Leistungskurs leidenschaftlich gern las, war Goethes „Götz von Berlichingen", der eiserne Ritter. Er saß im Turm von Heilbronn fest und sprach: *„Himmlische Luft! Freiheit!"* Eingesperrt, doch im Geiste frei. Heute würden viele wohl zu Goethes Sturm und Drang Epos müde abwinken. Zu theatralisch, zu wuchtig. Zu viel *alte Garde*. Aber vielleicht sollten wir nicht so schnell urteilen. Vielleicht steckt in diesen Worten mehr Aktualität, als wir auf den ersten Blick erkennen.

Freiheit. Ein großes Wort, das gern beschworen wird. Aber wie oft nehmen wir sie tatsächlich in Anspruch? Laut einer Umfrage von Statista möchten aktuell über 30 Millionen Deutsche ein abwechslungsreiches Leben führen und neue Erfahrungen machen. (Die Quellenangabe/Link findest du im Anhang unter „Quellen") Gleichzeitig sind viele unzufrieden mit ihrem Job, ihrem Alltag, ihrer Routine, aber sie schaffen es nicht, etwas zu ändern. Es ist, als würden sie mit einem Fuß auf dem Gas- und mit dem anderen auf dem Bremspedal stehen. Kein Wunder, dass man da ins Schleudern und Stocken gerät.

Das klingt paradox. Freiheit scheint in unserer Gesellschaft weniger eine Frage äußerer Umstände als vielmehr eine innere Haltung zu sein. Wir sind selten eingekerkert, aber oft gefangen: In sozialen Erwartungen, Normen, Übervorsichtigkeit und dem Anspruch, es allen recht zu machen. Wir sollen gefälligst die Freiheit leben, die andere für uns als Freiheit definiert haben. Und wir glauben das dann auch: Beziehung, Familie, Haus und Garten, Job. Der durchgeplante Urlaub. So arbeiten wir uns oft jahrelang an unserer sogenannten Freiheit ab. Haken unsere Listen aus. Und fragen uns vielleicht, warum wir uns nicht endlich frei und angekommen fühlen. Wir haben doch alles richtig gemacht. Und dann ist da noch der Zeitgeist, mal woke, mal kritisch, mal hyperkorrekt, der uns in die eine oder andere Richtung schiebt.

Die moderne Unfreiheit

Wenn du heute sagst, du möchtest *dein Ding machen*, hagelt es von allen Seiten Tipps und Warnungen gleichzeitig. Es scheint, als hätte die Freiheit einen Preis: Man muss sich erklären, rechtfertigen, begründen. Das erlebe ich als Selbstständiger übrigens bis heute: *„Na, wie läufts bei dir?"* Wenn meine Antwort *„gut"* lautet, dann folgt oft ein süffisanter Kommentar zu meinen Stundensätzen. Bei *„...geht so"* folgt gern ein: *„Selbst schuld, was bist du auch selbstständig geworden?"* Es ist bei dieser Frage (wie alles im Leben) eben immer eine Mischkalkulation. Aber ich will hier auf etwas anderes hinaus: Wo bleibt der Mut, das Bauchgefühl, die Entschlossenheit, es einfach mal zu wagen?

Diese leise Unfreiheit durchzieht gefühlt alle Lebensbereiche. Bei der Arbeit bleiben viele von uns *stecken*, obwohl sie unglücklich sind, aus Angst vor Veränderung oder sozialem Druck. Im Privaten werden Entscheidungen so lange abgewogen, bis sie überhaupt nicht mehr getroffen werden. Und in der Gesellschaft schwankt man zwischen Rücksicht und Political Correctness, bis einem der Atem ausgeht. Doch was wäre, wenn wir uns erlauben würden, auch mal unperfekt zu sein?

Die Luft anhalten oder durchatmen?

Vielleicht sollten wir uns wieder an den ollen Götz erinnern. Seine Worte mahnen, dass Freiheit nicht nur eine äußerliche Bedingung ist, sondern ein innerer Zustand, ein Geist, der tief atmet, auch wenn der Raum mal eng wird.

Warum sich also nicht mal fragen: „*Was würde ich tun, wenn ich frei wäre?*" "*Was hält mich wirklich davon ab?*" Oft sind es keine Mauern oder Ketten, sondern unsere eigene Haltung. Vielleicht ist es Zeit, diese zu überdenken, mit einem Hauch himmlischer Luft - weniger über *was ich sollte* und mehr über *was ich will?* Freiheit ist kein Geschenk des Zeitgeists, sie ist eine Entscheidung. Vielleicht keine einfache, aber oft eine lohnende.

Und während wir darüber nachdenken, können wir uns ein kleines bisschen Götz' rebellischen Mut leihen. Es könnte schlimmer sein, immerhin sitzen wir nicht im Turm. Und wenn doch, dann hoffentlich mit WLAN und einem Espresso.

 ## ...die Freiheit nehme ich mir!

- Freiheit zu spüren, was ich wirklich empfinde und nicht was ich empfinden sollte

- Freiheit zu sagen was ist, und nicht was sein sollte oder von anderen gehört werden will

- Freiheit um Hilfe zu bitten und dabei nicht als „Schwächling" stigmatisiert zu werden

- Freiheit um Risiken einzugehen, an der Verantwortung zu wachsen und scheitern zu dürfen anstatt immer „auf sicher" zu setzen

ESKAPISMUS - WENN DIE WELT ZU VIEL WIRD

„Ich brauche mal eine Pause von allem" - ein Satz, den wohl viele von uns schon gedacht oder gesagt haben. Doch was passiert, wenn diese Pause kein kurzer Moment der Erholung bleibt, sondern zu einem Lebensstil wird? Willkommen in der Welt des Eskapismus, einer Art inneren Notausgangs, den wir benutzen, um dem Alltag zu entkommen. Klingt verlockend? Manchmal. Klingt problematisch? Auch das.

Was ist Eskapismus eigentlich?

Eskapismus beschreibt ein Vermeidungsverhalten, bei dem wir versuchen, der eigenen Wirklichkeit oder der Welt da draußen zu entfliehen. Ob es der stressige Job, die nörgelnde Familie oder der neueste Weltuntergangstrend in den Medien ist: Eskapismus scheint einen Ausweg zu bieten, zumindest temporär.

Es geht u.a. um den Wunsch nach:

- **Entspannung**: Einfach mal abschalten, den Kopf freibekommen.
- **Zerstreuung**: Hauptsache, nicht an die To-do-Listen denken.
- **Phantasie**: Träumen von einer besseren, geordneteren, glücklicheren Welt.
- **Kreativität**: Sich in Geschichten, Spiel, Kunst oder Musik verlieren.

Doch so nachvollziehbar diese Sehnsüchte klingen, so schwerwiegend können die Gründe für unsere Fluchtversuche sein, und deshalb habe ich dieses Thema mit ins Buch genommen. Ich glaube, viele Probleme im Umgang miteinander, sei es beruflich oder privat, lassen sich nicht lösen, wenn man nicht die Ursache von bestimmten Verhaltensmustern kennt. So halte ich übersteigerten Eskapismus als eines der Hauptsymptome unserer gesellschaftlichen Probleme, getrieben durch Leistungsdruck, Performancepflicht, übertriebene Erwartungshaltung an sich selbst (oder von anderen), und das *immer gut drauf sein*, welche dann nicht selten in Erschöpfung oder Angst münden. Die hohen Zahlen der Statistiken in Bezug auf psychische Belastungen am Arbeitsplatz sprechen zurzeit ja Bände.

Wovor laufen wir eigentlich weg?

Hinter Eskapismus verbirgt sich oft ein komplexer Mix aus Frustration, Überforderung und der schieren Lust, der Realität mal gepflegt den Mittelfinger zu zeigen. Zu den beliebtesten Fluchtgründen gehören:

- **Verantwortung**: Ich bin es leid, immer stark, klug oder produktiv sein zu müssen.
- **Frustration**: Warum strenge ich mich überhaupt an, wenn das Leben mir trotzdem in den Hintern tritt?
- **Erwartungen anderer**: Eltern, Partner, Chef - sie alle wollen immer irgendwas von mir.
- **Erwartungen an mich selbst:** 5x pro Woche Sport, ständige Posts auf Social Media, Abnehmen um noch mal eine engere Jeans tragen zu können.
- **Die Wirklichkeit an sich**: Die Welt da draußen ist nicht gerade ein Spaßbad.

Formen des Eskapismus: Wo und wie wir uns verlieren

Eskapismus hat viele Gesichter. Manche davon tragen einen Partyhut, während andere Sofa-Pyjamas bevorzugen. Hier eine Auswahl der populärsten Varianten:

1. Social Media: Stundenlang durch die Feeds scrollen, Videos inhalieren und dabei die Zeit vergessen.

2. Konsumrausch: Shopping als eine Art Therapie. Egal ob Klamotten, Technik oder teure Life-Style Produkte: Hauptsache, kurzzeitig glücklich.

3. Reisezwang: Ständig auf Achse, immer den nächsten Urlaub im Blick. *Globetrotter* als schicker Begriff für Flüchtende.

4. Drogen, Binge Watching und Co.: Ob im Rausch oder im Serienmarathon, alles ist besser, als sich der realen Welt zu stellen.

5. Flucht in Arbeit, Fitness oder Party: Der eine wird zum Workaholic, der andere zur Gym-Rat, und wieder ein anderer schöpft sein Lebensglück aus Clubs und Paaartys. Hauptsache, sich keine Zeit fürs Nachdenken zu lassen.

Okay, ein bisschen Trash muss sein

Sind wir nicht alle ein bisschen eskapistisch? Ob durch lustige Katzenvideos, überteuerte Kaffees in Hipster-Cafés oder den ausgedehnten Urlaub in diesem Jahr, die Flucht aus dem Alltag gehört manchmal irgendwie dazu. Wichtig ist, dass wir uns immer wieder fragen: Bin ich schon permanent auf der Flucht vor meinen Problemen oder auf der Suche nach angemessener Entspannung? Freue ich mich wirklich noch über das neu gekaufte Kleidungsstück oder musste ich schon die Nachbarwohnung anmieten, um alle meine Kleiderschränke unterzubringen? Reise ich in ferne Länder aus Neugier und Wissensdurst oder weil ich es zuhause einfach nicht mehr länger als 3 Wochen am Stück aushalte?

Wenn das Leben zur Dauerflucht wird, kann es kritisch werden. Statt Probleme zu lösen, schieben wir sie vor uns her. Statt echte Veränderungen anzugehen, verschanzen wir uns in unseren Parallelwelten. Das gilt es selbst zu hinterfragen. Oder sich trauen, dass gegenüber Dritten auch mal anzusprechen.

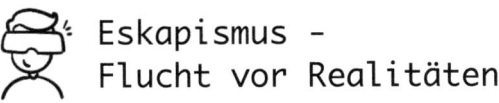

Eskapismus -
Flucht vor Realitäten

...beschreibt ein Vermeidungsverhalten, das versucht, dem eigenen Alltag, der eigenen Wirklichkeit oder schlicht „der Welt da draussen" zu entkommen.

Wunsch nach:
- Entspannung
- Zerstreuung
- Phantasie
- Kreativität

Flucht vor:
- Verantwortung
- Frustration
- Erwartungen anderer
- der Wirklichkeit

Drückt sich u.a.aus in:
- Übermäßige Socialmedia-Aktivitäten
- Konsumrausch
- Ständiges Reisen und Erleben wollen
- Drogen, Binge Watching
- Flucht in Arbeit,Fitness,Party etc.

VON DENKMÄLERN UND NARRATIVEN

Innere Denkmäler, die aus Narrativen gebaut sind

Denkmäler sind in der Welt da draußen oft imposante Bauwerke aus Stein und Beton. Sie sind Symbole, die Erinnerungen bewahren und Geschichten konservieren. Doch sie existieren nicht nur in der physischen Welt, wir errichten sie auch in unseren Köpfen, in Form von sogenannten Narrativen.

Doch was ist überhaupt ein Narrativ? Der Begriff bezeichnet in der Psychologie (*Narrative Psychologie* - siehe Quellen und Glossar) die Geschichten und Erzählungen, die wir über uns selbst und unsere Vergangenheit formen. Diese inneren Erzählungen beeinflussen unser Selbstbild, unsere Entscheidungen und auch, wie wir mit anderen kommunizieren.

Ein Narrativ ist demnach keine objektive Wahrheit, sondern eine subjektive Interpretation der Vergangenheit. Es kann dabei förderlich oder hinderlich sein als ein:

- selbststärkendes Narrativ: *„Ich habe schwierige Zeiten durchgestanden und bin daran gewachsen."*

- blockierendes Narrativ: *„Ich war schon immer derjenige, der im Leben zu kurz kommt."*

Dies wirkt sich auch auf unsere Kommunikation aus. Wenn wir unser Selbstbild beispielsweise sehr dominant vertreten, fällt es uns schwerer, konstruktiv auf Kritik einzugehen oder unsere eigene Position kritisch zu hinterfragen. In Gesprächen kann es daher hilfreich sein, sich bewusst zu machen, welches Narrativ man selbst oder der Gesprächspartner gerade offenbart und ob es vielleicht auch alternative Sichtweisen dazu gibt.

Die Abgrenzung von Narrativen und Glaubenssätzen

Narrative und Glaubenssätze sind eng miteinander verwandt, aber sie haben unterschiedliche Funktionen.

Narrative formen unsere Sicht auf die Welt, und bringt Ereignisse in einen Sinnzusammenhang:

„Ich habe mich immer allein durchkämpfen müssen, weil mir nie jemand geholfen hat." Das ist wie eine übergeordnete Geschichte über das eigene Leben.

Ein Glaubenssatz hingegen ist eine Annahme, die oft aus einem Narrativ entsteht. Er ist kürzer, prägnanter und wirkt wie eine innere Regel, nach der wir unser Verhalten ausrichten. Ein Beispiel für einen Glaubenssatz, der aus dem obigen Narrativ hervorgehen könnte:

„Man kann sich nur auf sich selbst verlassen." Also eine feststehende Überzeugung, die das eigene Verhalten und Denken beeinflusst.

Im Kontext von Kommunikation bedeutet das: Wer sich seiner Narrative bewusst wird, kann auch seine eigenen Glaubenssätze besser hinterfragen. Und wer festgefahrene Glaubenssätze erkennt, kann gezielt neue Perspektiven suchen. Das hat direkte Auswirkungen darauf, wie wir Gespräche führen: Wie ehrlich sind wir zu uns selbst und zu anderen?

Wie gehen wir mit Kritik um? Bleiben wir offen für neue Perspektiven und wie können wir uns selbst *aufklären*?

Aufklärung bedeutet Aufarbeitung

In diesem Zusammenhang bedeutet Aufklärung die bewusste Auseinandersetzung mit der eigenen Vergangenheit und den daraus entstandenen Narrativen und Glaubenssätzen. Es bedeutet jedoch nicht, die Vergangenheit zu leugnen oder auszuradieren, sondern sie in ihrer ganzen Komplexität zu verstehen, und zwar als Prozess:

1. *Erkennen:* Welche Narrative und Glaubenssätze beeinflussen mein Denken und meine Kommunikation?

2. *Hinterfragen:* Sind diese Erzählungen wirklich wahr oder nur eine subjektive Sichtweise?

3. *Neu bewerten:* Gibt es eine alternative, *bessere* Perspektive, die mich im Hier und Jetzt weiterbringt?

Wie hängen gemachte Erfahrungen mit Narrativen und Glaubenssätzen zusammen?

1. Der Begriff *Erfahrung* ist mit einer Vielzahl von Bedeutungen besetzt, ich meine in diesem Zusammenhang die direkte Beobachtung oder Teilnahme an einem Ereignis. Also gemeint als das, was tatsächlich passiert ist. Beispiel: *„In der Schulzeit habe ich oft allein in der Pause gesessen."*

2. Das Narrativ dazu ist die Geschichte, die daraus im Kopf entsteht: *„Ich war immer ein Außenseiter, niemand wollte mit mir zu tun haben."*

3. Der Glaubenssatz ist die Überzeugung, die wiederum daraus folgt: *„Ich bin nicht interessant genug für andere, ich bin weniger wert."*

Aus gewonnenen Erfahrungen macht unsere Psyche also etwas eigenes, ganz individuelles. Sie interpretiert, ordnet ein und zieht ihre Schlüsse. Es scheint also doch zu stimmen: Wir erzählen uns Geschichten über die Welt, doch die Geschichten erzählen uns, wer wir sind...oder wie drückte es Henry Ford so schön aus:

„Ob du denkst, du schaffst es, oder du schaffst es nicht - in beiden Fällen wirst du immer Recht behalten."

 # Denkmäler –
die Sache mit
deiner Vergangenheit

Denkmäler sind nicht immer groß und aus Stein gebaut. Manchmal bauen wir uns auch innerlich eins. Was sollten wir uns klarmachen?

1. NARRATIVE sind oft Denkmalpflege fürs Ego. Ob's stimmt, ist egal ;-)

2. ERFAHRUNGEN sind Rohmaterial, kein fertiges Denkmal

3. ERINNERUNGEN bedeuten nicht immer Konsens mit der Vergangenheit

4. AUFKLÄREN bedeutet nicht einfach nur Abreißen sondern auch Aufarbeiten

Pragmatische Leitsätze für Menschen mit Führungsaufgaben

Führen ist kein Zuckerschlecken, das wissen alle, die damit zu tun haben. Egal, ob du ein Team leitest, eine Klasse unterrichtest oder einer Ballsportmannschaft erklärst, dass Fußballspielen mehr ist als Knöpfe drücken am Controller, die Herausforderungen sind real. Damit du nicht irgendwann in der Ecke sitzt und heimlich ins Kissen schreist, hier sieben pragmatische Leitsätze, die dir helfen, den Wahnsinn besser zu meistern.

1. Gute Teammitglieder sind ein Segen - und weniger Gute? Da wird's knifflig

Das perfekte Teammitglied zu finden, ist wie ein Tombola-Gewinn: Selten, aber es gibt ihn. Wenn dein Team nicht rund läuft, hast du vier Optionen: Motivieren, Lehren, Trainieren und nicht zu vergessen: Fordern.

Motiviere sie: Manchmal fehlt Menschen einfach der letzte Anstoß. Eine klare Vision, deutliche Bilder des Ziels und ein paar ehrliche, aufbauende Worte können Wunder bewirken.

Lehre sie: Vielleicht wissen sie schlicht nicht, wie es geht. Bring ihnen die nötigen Skills bei, sei ihr Mentor, statt zu verzweifeln.

Trainiere sie: Fähigkeiten entstehen durch Wiederholung und Praxis. Gib deinem Teammitglied die Chance, sich zu entwickeln.

Fordere Sie: Formuliere klare, direkte Erwartungen anstatt vage Andeutungen oder subtile Hinweise. Menschen wachsen an Herausforderungen. Wecke Verantwortungsgefühl und kitzel den Ehrgeiz heraus.

Investiere in die Menschen, solange sie Potenzial zeigen. Aber wenn das zuneige geht oder schlicht nicht vorhanden ist, solltest du dir Klarheit verschaffen. Klartext: Ersetze sie auf der Position oder ersetze deine Erwartungen. Manchmal liegt der Fehler nämlich nicht in der Person, sondern in deiner (überhöhten) Vorstellung, was sie leisten können sollte. Finde heraus, wie du sie ins System integrieren kannst, ohne sie zu verbrennen. Beide Optionen des *Ersetzens* sind okay. Was nicht okay ist: In der Hoffnung auf ein Wunder ewig durchzuhalten oder immer weiter Druck zu machen.

2. Mach deine Absichten klar

Dein Team ist kein Hellseher-Club. Menschen können nur dann eigenständig und richtig handeln, wenn sie wissen, wohin die Reise gehen soll und warum. Sag klar, was auf der Agenda steht und warum es wichtig ist. Dann sind sie auch handlungsfähig, wenn sich die Umstände ändern. Vielleicht fällst du morgen aus? Vielleicht kommen neue Gesichter ins Team und fragen nach? Vielleicht müssen deine Teammitglieder auch mal dich stärken und die Agenda gegenüber anderen verteidigen? Wenn Menschen erkennen, dass die Agenda wertvoll ist und sie dahinter stehen, können sie Entscheidungen treffen, selbst wenn sich die Umstände ändern. Ein gutes Team trägt die Agenda gemeinsam. Ohne klare Absichten jedoch landet ein Team oft in Passivität oder macht Dinge, die nicht nützlich sind.

Kommuniziere also so präzise wie möglich: *„Hier ist das Ziel. Das sind die Gründe dafür. Und das ist der Rahmen, in dem wir uns bewegen."* Klingt simpel? Versuch's mal, und du merkst, wie oft du dich vage ausdrückst. Sauberes Kommunizieren ist Pflicht. Kein Grummeln, kein *„Das sollten sie doch von selbst wissen."* Führungskräfte, die schweigen, enden mit einem Team, das passiv herumsitzt und fragt: *„Und jetzt?"* Menschen arbeiten nur dann eigenständig und effizient, wenn sie wissen, was das Ziel ist. *„Was wollen wir erreichen?"* Warum es wichtig ist. *„Was steht auf dem Spiel?"* Wie wir vorgehen. *„Was ist der Plan?"* Und es reicht leider selten, diese Dinge nur einmal zu sagen. Richte Dein Team immer wieder auf die entscheidende Agenda aus.

3. Behalte die Initiative oder du verlierst die Kontrolle

Wer nur reagiert, verliert auf lange Sicht. Sobald du dich nur noch mit Problemen beschäftigst, die dir die Umstände aufzwingen, bist du nur noch der Feuerlöscher und keine Führungskraft mehr. Plötzlich bist du täglich mit Schadensbegrenzung beschäftigt, und deine Vision bleibt auf der Strecke. Wie gesagt, das ist nicht Führung, das ist Feuerwehrdienst.

Initiative behalten oder ergreifen bedeutet, das Steuer in die Hand zu nehmen, bevor der Sturm losbricht. Es heißt ganz altmodisch, die Zeichen der Zeit zu deuten, Muster frühzeitig zu erkennen und Herausforderungen zu antizipieren, bevor sie zu echten Krisen werden. Das kann man lernen, oder sich von den alten Hasen abschauen. Indem du vorausplanst und Ressourcen gezielt managst, verwandelst du potenzielle Probleme in planbare Aufgaben. Und übe dich nach Außen im Sparring!

Lerne, Kritik gekonnt zu entkräften und deine Sichtweise überzeugend zu vertreten, so bist du stets vorbereitet, wenn es darauf ankommt.

Initiative schafft Raum für Innovation und stärkt obendrein das Vertrauen deines Teams. Anstatt permanent im Krisenmodus zu verharren, setzt du Prioritäten und gestaltest aktiv die Zukunft. Du übernimmst Verantwortung für den Kurs und navigierst dein Team auch durch unsichere Gewässer.

4. Durchdringe das Thema - Oberflächlichkeit kostet Vertrauen

Klingt nach Phrasendrescherei? Ganz und gar nicht: Es reicht eben nicht, nur das Ziel zu kennen. Du musst das Gesamtbild verstehen. Die Planung, die Zwischenschritte, die Herausforderungen. Die möglichen Widerstände. Die Gegenargumente. Noch wichtiger: Dein Team muss das auch. Daher eine gut gemeinte Warnung: Oberflächlichkeit fällt auf. Wenn dein Team merkt, dass du keine Ahnung hast, sinkt die Bereitschaft, dir zu folgen. Gib bei Entscheidungen auch den nötigen Kontext mit. Nur wer das Gesamtbild versteht, kann Prioritäten sinnvoll setzen.

5. Pflege dich selbst und entwickele Humor als Superkraft

Schlafen, trinken, atmen. Klingt banal, aber ehrlich: Wie viele Führungskräfte vergessen diese Basics? Du kannst kein Team führen, wenn du selbst völlig ausgelaugt bist. Das wird aber ständig vergessen. Führung ist Marathon, kein Sprint. Nur wer Verantwortung für sich selbst übernimmt, kann auch Verantwortung für andere übernehmen. Selbstlosigkeit ist zwar ehrenhaft, reibt dich aber am Ende auf. Und was ist mit Humor? Eine wahre Superkraft. Ja, wirklich. Wer lacht, kann selbst die anstrengendsten Situationen leichter ertragen und andere mitziehen. Nimm die Dinge ernst, aber dich selbst nicht zu sehr.

6. Stehe für dein Team ein

Wenn ein Teammitglied viel leistet, die Extrameile geht und nach vorn wie nach hinten mitarbeitet, verdient es Anerkennung. Nicht nur von dir als Führungskraft, sondern auch von denen, die wiederum einen größeren Schreibtisch als du haben: Deine Bosse. Erinnere diese also auch daran, wenn mal wieder ein Goodie oder gar eine Gehaltserhöhung ansteht. Halte deinem Team den Rücken frei, wenn wieder mal undankbare Aufgaben übernommen werden sollen und verkaufe es so teuer wie möglich im Ringelreihen der anderen Teams oder Abteilungen. Doch Vorsicht: Verspreche nichts, was du nicht halten kannst.

7. Nutze deinen Werkzeugkasten

Führen ist komplex, aber die besten Führungskräfte sind keine Übermenschen. Sie sind Menschen, die gelernt haben, pragmatisch zu handeln, klare Prioritäten zu setzen und wissen, wann sie fordern und wann sie fördern müssen. Motiviere, plane voraus und vergiss nicht, zwischendurch auch einfach mal zu atmen.

Pragmatische Grundsätze für Führungskräfte

1. Mache dem Team deine Absichten klar, dann kann es bei auch veränderten Rahmenbedingungen eigenständiger handeln

2. Behalte die Initiative, nur Reagieren auf Umstände bedeutet Kontrollverlust

3. Bei überdehnten Anforderungen betreibe „Chunking" - das Runterbrechen auf kleinere „Brocken" (Etappenziele)

4. Durchdringe die Materie - nicht nur das Ziel ist wichtig, auch die Planung!

5. Außerdem: Achtet auf dich. Nur wer Verantwortung für sich selbst übernimmt, kann auch Verantwortung für andere übernehmen. Und nutze DIE Geheimwaffe so oft es geht: Humor!

Team oder Gruppe? Der feine Unterschied zwischen *„zusammen sein"* **oder** *„zusammenarbeiten"*

Eine Gruppe, das ist wie ein Sack voller Murmeln. Sie sind alle zusammen, aber jeder kugelt für sich. Dein Freundeskreis ist z.B. eine Gruppe, genau wie die Leute, die mit dir um 07:52 Uhr am Bahnsteig stehen. Gruppen haben eine lockere Bindung. Sie teilen einen Raum, ein Interesse oder manchmal auch nur den Moment.

Ein Team hingegen ist wie ein Gebilde aus Zahnrädern. Jedes Zahnrad greift ins andere, damit die Maschine optimal läuft. Es gibt ein gemeinsames Ziel und eine Struktur, und oft jemanden, der sagt, wo's langgeht. Teams sind also weniger Kaffeekränzchen, sondern mehr wie die drei (oder mehr) Musketiere.

Und was ist jetzt besser - Gruppe oder Team?

Das kommt auf den Kontext an.

Eine **Gruppe gründen:** Wenn die Aufgabe locker ist, kaum Koordination braucht und du Flexibilität willst, ist eine Gruppe ideal. Beispiel: Du gründest eine Wandergruppe. Wenn jemand ausfällt, wandert der Rest trotzdem weiter.

Ein **Team aufbauen:** Brauchst du Präzision, Verlässlichkeit und eine gemeinsame Zielerreichung, ist ein Team die bessere

Wahl. Beispiel: Du baust ein Fußball-Team auf. Wenn der Torwart fehlt, wird's schwierig.

Die größten Fehler

Eine Gruppe zum Team *verzwanghaften*: Das endet meist in Frust. Nicht jeder Bahnsteig-Mensch will bei deinem spontanen Flashmob mittanzen.

Ein Team zur Gruppe *zersprengen*: Wenn jeder im Team plötzlich sein eigenes Ding macht, obwohl eine gemeinsame Agenda geplant war, wird's chaotisch.

Der Schlüssel zur Entscheidung: Stell dir zwei Fragen.

- Wie wichtig ist das gemeinsame Ziel? (Tendenz zum Team)
- Wie viel Individualität darf sein? (Tendenz zur Gruppe)

Egal, ob du Gruppenmurmel oder Teamzahnrad bist: Beides hat seinen Charme, solange niemand gezwungen wird, eine Kugel zu sein, der eigentlich ein Zahnrad sein will.

 # Unterschiede zwischen Gruppen und Teams

Die Gruppe
- hat meist Ziele von Einzelnen
- nutzt standardisierte Prozesse
- hat nicht immer gemeinsame Interessen
- hat nicht immer eine gemeinsame Identifikation
- „…ich muss!"

Das Team
- verfolgt ein gemeinsames Ziel
- versteht sich als Einheit, kommuniziert stark
- empfindet gemeinsame Verantwortung
- betreibt sorgfältiges Konfliktmanagement
- „…ich will!"

ZUM SCHLUSS

Herzlichen Glückwunsch! Du hast es bis hierhin geschafft. Das bedeutet entweder, dass dieses Buch wirklich lesenswert war (was mich natürlich enorm freut), oder dass du einfach zu stur bist, um ein angefangenes Buch nicht zu Ende zu lesen. Beides ehrt dich!

Ich danke dir, dass du dich auf diese Reise eingelassen hast, vielleicht ein bisschen Reflexion walten lassen konntest oder die eine oder andere Textpassage kritisch, im Sinne von gewissenhaft prüfend, für dich betrachtet hast.

Wenn du an irgendeiner Stelle genickt oder sogar gelächelt hast - perfekt!

Und wenn du dir jetzt denkst: „*Na toll, und was mache ich jetzt mit all diesen Impulsen?*", dann habe ich eine einfache Antwort: Probiere aus. Verändere. Scheitere mit Stil. Lache darüber. Und dann mach´ weiter.

Und wer weiß, vielleicht kreuzen sich unsere Wege ja wieder. In meinem anderen Buch „*Deine Schuld wenn's danach besser läuft!*" zum Beispiel oder bei einem Cafégespräch. Ich werde dich dann mit einem Augenzwinkern fragen:
„*Na, hast du's ausprobiert?*"

Alles Gute und vergiss nicht: Das beste Buch ist das, welches du selbst schreibst - in deinem Leben, jeden Tag.

Ich habe hier für dich eine Auswahl von zugrunde legender und weiterführender Literatur, Quellen, Glossar sowie ein paar Internet-Links zusammengestellt. Diese Auswahl hat keinerlei Anspruch auf Vollständigkeit, sondern bildet lediglich ein paar meiner persönlichen Lieblinge ab, die vom Thema her gut ins Buch passen.

Einige dieser Bücher sind prägend für mich gewesen und hatten/haben Einfluss auf meine Weltanschauung als Mensch und Coach, sie bilden somit u.a. das Fundament meiner Gedanken und Interpretationen. Die von mir beschriebenen Tools gibt es objektiv auf dem Markt und werden auch von anderen genutzt oder beschrieben, meine Schlussfolgerungen und Nutzen daraus sind jedoch oft persönlicher Natur und müssen nicht immer dem allgemeinen Gedanken folgen. Du bist eingeladen, dies ebenfalls zu tun. Bilde dir eine eigene Meinung - immer!

Ferner möchte ich darauf hinweisen, dass Quellenangaben aus dem Internet mitunter eine kurze Halbwertzeit haben, also gelöscht oder verändert werden können. Sollten die Links (nicht mehr) funktionieren, bitte ich dies zu berücksichtigen.

Ich freue mich auf einen Austausch mit dir. Wenn du mir etwas mitteilen möchtest, egal ob Lob, Kritik oder Aktualisierungen, dann tue das gerne. Das Gleiche gilt natürlich für den Fall, wenn du inhaltliche Fehler findest. Meine Kontaktdaten findest du am Ende dieses Buchs.

Verschiedene Ebenen des Zuhörers und der Wahrnehmung

Die im Kapitel *Ebenen des Zuhörers* beschriebenen Wahrnehmungsperspektiven sind ein fester Bestandteil im modernen Coaching. Hier werden diese Fähigkeiten im Ansatz beschrieben, um ein umfassenderes Verständnis eines Gesprächs zu erlangen. Diese Art von Wahrnehmung ist eng mit den NLP-Techniken der Assoziation und Dissoziation verbunden.

Chunking

Diese Methode wurde erstmals 1956 vom amerikanischen Psychologen George A. Miller beschrieben. Sie basiert auf der Annahme, dass unser Gedächtnis (also gewissermaßen unser „Arbeitsspeicher") begrenzt ist und wir Informationen besser verarbeiten können, wenn wir sie in überschaubaren Einheiten darstellen. Später wurde dieses Prinzip im NLP, einer Art Konzeptsammlung die sich mit den Zusammenhängen zwischen Sprache, Denken und Verhalten beschäftigt, aufgenommen und angepasst.

Die SWOT-Analyse

Eine gute Zusammenfassung findest du bei Wikipedia: *https://de.wikipedia.org/wiki/SWOT-Analyse*

Die SWOT-Analyse wurde in den 1960er-Jahren an der Harvard Business School zur Anwendung in Unternehmen entwickelt. Nach Henry Mintzberg, einem kanadischen Professor für Betriebswirtschaft und Management, ist es die Basis fast aller Versuche, den Prozess der Strategieentwicklung zu formalisieren (im Gegensatz zur Strategie als Innovation oder kreative Schöpfung). Die Prinzipien der SWOT-Analyse sind erheblich älter als ihre Anwendung in Organisationen. (Quelle: Wikipedia)

Happy Cheering

Als Happy Cheering (zusammengesetzt aus „Happy" - Glücklich und „Cheering" - Jubeln) wird eine Methode bezeichnet, die als eine Form von positiver sozialer Verstärkung oder kollektiver Euphorie beschrieben werden könnte. Es bezieht sich auf das gemeinsame enthusiastische Jubeln oder Anfeuern. Mögliche Absichten sind z.B. emotionale Ansteckung, man soll die Emotionen anderer übernehmen, oder soziale Konditionierung, welche das Gefühl von Zusammenhalt und die Verstärkung von positivem Feedback fördern soll.

Toxic Positivity

Dieses Phänomen bezeichnet die übersteigerte Betonung einer positiven Grundeinstellung, bei der negative Emotionen ignoriert oder unterdrückt werden, mit der Folge, dass Menschen ihre wahren Gefühle nicht (mehr) ausdrücken können und wichtige emotionale Verarbeitungen und Prozesse vernachlässigt werden.

Es gibt eine Vielzahl von guten Artikeln dazu im Internet. Hier als Zusammenfassung in Wikipedia der englischsprachige Beitrag: *https://en.wikipedia.org/wiki/Toxic_positivity*

Skalen-Fragetechnik

Diese Technik stammt ursprünglich aus der lösungsfokussierten Kurztherapie, die von den Therapeuten Steve de Shazer und Insoo Kim Berg entwickelt wurde. Die Fragetechnik basiert auf der Idee, dass Menschen durch Skalierung ihrer subjektiven Eindrücke ihre Empfindungen und Erfahrungen besser ausdrücken und bewusster wahrnehmen können. Die Skala dient dazu, Fortschritte oder Entwicklungen zu messen, und ggf. komplexe Situationen schneller greifbar zu machen.

Eskapismus

Auch hier bietet Wikipedia eine gute Zusammenfassung: *https://de.wikipedia.org/wiki/Eskapismus*

Die Verwendung des Begriffs in dem Kontext dieses Buches etablierte sich im 20. Jahrhundert, als der Fernsehkonsum beträchtlich zunahm und die psychologischen Auswirkungen genauer untersucht wurden. Heute wird Eskapismus in verschiedenen Disziplinen diskutiert, darunter Psychologie, Soziologie und Medienwissenschaften, um Phänomene der Realitätsflucht und deren Auswirkungen auf Individuen und Gesellschaften zu analysieren.

Narrative Psychologie

(Die) Narrative Psychologie beschreibt, in welcher Weise Erzählungen und Geschichten genutzt werden, um das Leben zu beschreiben, zu verstehen, zu erklären und zu verändern. Dabei geht es um Sinngebung bzw. Sinnfindung für den Einzelnen, in Beziehungen, Gruppen und größeren Zusammenhängen. Narrative Psychologie ist ein methodischer Ansatz der Psychologie, der sich auf die Erzähltheorie bezieht und sich auf die geisteswissenschaftlichen Wurzeln der Psychologie stützt. (Quelle Wikipedia: *https://de.wikipedia.org/wiki/Narrative_Psychologie*)

Quellenangabe von Statista zu dem Kapitel „Freiheit - Himmlische Luft in engen Zeiten":

https://de.statista.com/statistik/daten/studie/455696/umfrage/umfrage-in-deutschland-zur-bedeutung-von-abwechslung-im-leben/

Buchempfehlungen zum Thema Basiswissen Mensch

Folgende Autoren und ihre Bücher haben mich als Mensch und Coach begeistert:

Sonja Radatz: „Beratung ohne Ratschlag - Systematisches Coaching für Führungskräfte und BeraterInnen", Verlag systemisches Management, ISBN 978-3902155016

Carl R. Rogers: „Therapeut und Klient - Grundlagen der Gesprächspsychotherapie", Fischer-Verlag, ISBN 978-3-596-42250-0

Watzlawick/Beavin/Jackson: „Menschliche Kommunikation. Formen, Störungen, Paradoxien", Hogrefe Verlag, ISBN 978-3456957456

Hoimar von Ditfurth: „Innenansichten eines Artgenossen: Meine Bilanz" Geest-Verlag, ISBN 3866854218

Gerald Hüther: „Was wir sind und was wir sein könnten: Ein neurobiologischer Mutmacher", Fischer Taschenbuch, ISBN 3596188504

Jonathan Haidt: „Die Glückshypothese: Was uns wirklich glücklich macht. Die Quintessenz aus altem Wissen und moderner Glücksforschung", VAK Verlag, ISBN 3867310963

RECHTLICHES

Über einen Hinweis bei abweichenden Quellenkenntnissen ist der Autor dankbar.

Die Inhalte dieses Buches wurden sorgfältig recherchiert, bleiben aber ohne Gewähr für Richtigkeit, Aktualität und Vollständigkeit. Druckfehler und Falschinformationen können leider nicht vollständig ausgeschlossen werden.

Dieses Buch behandelt keine Krankheiten, gibt keine Diagnosen und/oder Heilungsversprechen ab und die beschriebenen Gesprächs- und Coaching-Tools ersetzen keine ärztliche oder therapeutische Behandlung. Dieses Buch ist als Impulsgeber gedacht für Dialoge und Gespräche im Alltag unter psychisch gesunden, normal belastbaren Menschen.

Kontakt:

Christoph Lauterbach
Freiberuflicher Businesscoach und Unternehmensberater
Sandwisch 39a
22113 Hamburg

Telefon: 0176 49 79 35 18
Website: www.elbe-coaching-hamburg.de
E-Mail: anfrage@christophlauterbach.de

Stand: März 2025